あなたはあなたが使っている言葉でできている

ゲイリー・ジョン・ビショップ
高崎拓哉 訳

Gary John Bishop

UNFU*K YOURSELF

Discover

この本を、姉妹のポーラ、エリザベス、サンドラ、母親のアグネス、父親のパトリックに捧げる。私たちは一緒に暮らし、一緒に泣き、一緒に立ち、一緒に戦ってきた。今の私があるのは家族のおかげだ。下を向き、倒れそうになっている人たちへ。すべてのシングルマザー、失業中の父親、夢追い人、まだ何者でもない人たちへ。みなさんは私だ。そして、みなさんならできる。

UNFU*K YOURSELF

Gary John Bishop

あなたはあなたが使っている言葉でできている

目次

第1章 最初に心に刻むべきこと

第2章

「私には意志がある」

第3章

「私は勝つに決まっている」

第4章 「私にはできる！」

第5章 「先がわからないからおもしろい」

第6章 「自分は思考ではなくて行動だ」

第7章 「私はがむしゃらになる」

第8章
「私は何も期待せず、すべてを受け入れる」

第9章
次はどこへ？

あなたはあなたが使っている言葉でできている

第1章
最初に心に刻むべきこと

この本は
あなたを励ますために書いたものだ。
あなたが内に秘めた
本当の能力に目覚め、
自分を責めるのをやめて、
輝かしい人生に歩み出すのを
手伝うために、私はこの本を書いた。

人は常に自分と会話している

あなたは、自分が回し車の上のハムスターのようだと感じたことはないだろうか？　猛烈に足を動かしているのに、ちっとも前に進んでいない気がしたことは？

思考がぐるぐるとループし、小さな声が「お前は怠けてばかりいる」「バカだ」「どうしようもないやつだ」とささやきかけてくる。

その声に飲み込まれそうになっているのにも気づかず、毎日をストレスや緊張と闘うことに費やしている。

自分の人生を生きようとがんばりつつも、「このまま無限ループから抜け出せず、人生の目標へたどり着けないんじゃないか」というあきらめに押しつぶされそうになっている。

求めている幸福やダイエットの成功、仕事のキャリア、人間関係といったものには永久に手が届かない気がする。

そんなふうに、心の中の自滅的な声が止まらない人のためにこの本はある。寄せては返す不安の波は、日々の生活をむしばんでいく。この本はあなたを励ますために書いたものだ。あなたが内に秘めた本当の能力に目覚め、自分を責めるのをやめて、輝かしい人生に歩み出すのを手伝うために私はこの本を書いた。

まずは大切なことを確認しよう。人はみな、2種類の会話をしながら生きている。ほかの人との会話と、自分との会話だ。

「自分としゃべったりなんてしない！」と言い張る人もいるかもしれないが、**実は人間の一番の話し相手は自分自身なのだ。**頭の中は、誰にとっても「心地よい」プライベートな空間だからだ。

内気な人も、社交的な人も、クリエイティブな人も、現実的な人も、誰もが多くの時間を自分としゃべって過ごしている。自分としゃべりながら、運動し、働き、食べ、読書し、ものを書き、歩き、メールし、泣き、話し合い、交渉し、計画を立て、祈り、瞑想し、（1人で、またはパートナーと）セックスをする。眠っているときも自分との会話は続いている。

この本を読んでいる今この瞬間も続いている。

それはおかしなことじゃない。あるいは、人は誰しもちょっとだけおかしいということだ。いずれにせよ、みんなやっているのだから、安心しておかしなショーを楽しもう。

研究によると、人間の頭には1日5万以上もの考えが浮かぶそうだ。私たちはいつも、自分に対して頭の中で「そんなのは違う」とか、「負けるもんか」とか言いながら生きている。**頭の中に自動的に浮かんでくる思考にはほとんど無反応なのに、自分が重視する思考には過剰に反応する。**何が重要で何が重要じゃないかなんて、最初から決まっているわけじゃないのに！

自分にどんな言葉をかけるかで人生が変わる

自分と何を話すかが人生の質を決定的に左右するということが、神経科学や心理学の研究で証明されてきている。アラバマ大学のウィル・ハート教授は、被験者に楽しかった出来事とつらい出来事、そのどちらでもない中間的な出来事を思い出してもらう実験を行った。

すると、何かの出来事をまるで今それが起こっているかのように語る人は、中間的な出来事を楽しい思い出のように、つらい出来事は実際よりもっとつらいことのように感じているのがわかったという。

つまり、どう表現するかで自分が置かれた状況のとらえ方や感じ方は変わってくるし、人生の過ごし方や、さまざまな問題への対応の仕方もずいぶん違ってくるということだ。

言い方次第で感じ方が変わるのは何百年も前から知られていた話で、ヴィトゲンシュタインやハイデガー、ガダマー（ハイデガーに学んだドイツの哲学者）といった哲学者は、言葉の意義や重要性を理解していた。ヴィトゲンシュタインは「文法には思考と現実の調和が見られる」と言った。

自分とポジティブな会話を行えば、気分がよくなり、自信が増し、生産性が高まるといった好影響が出ることが次々と解明されている。ハート教授の研究からわかるように、言葉は幸せな人生を送るためのカギになる。

ところがその逆もまたしかりで、自分とのネガティブな会話は気持ちを落ち込ませ、絶望を招く。ささいな問題を大問題のように見せ、ありもしない問題をつくり出す。話し方によっては、想像を絶する苦しみを味わいかねない。

そうした点を踏まえた上で、一つはっきりさせておこう。**この本は正しい言葉を使って人生を上向かせる方法を解説したものだが、私は今すぐポジティブな思考を持てとか、自分を愛そうとか言うつもりはない。**

そうした方法は（成否はともかく）出尽くした感があるし、この本で紹介するのはまったく別のアプローチだ。

私はあなたに「自分は虎だと言い聞かせなさい。自分の中の獣を解き放ちなさい」とは言わない。なぜって、人は虎じゃないから。そうしたやり方が向いている人もいるかもしれないが、私にとってそうしたことを自分に言い聞かせるのは、メイプルシロップをドバっとかけた古いキャンディを無理やり口に突っ込まれるようなものだ。気持ちはありがたいが、遠慮させていただきたい。

ポジティブ・シンキング好きの人にとっては残念な話かもしれないが、この本では別の道を行く。この本の目的は、本当の意味であなたの手助けをすること。あなたに本当に合ったヒントを示し、本当の能力を引き出せるようにすることだ。

ネガティブな言葉がネガティブな感情を呼ぶ

人間の感情の大部分が思考から生み出されているのなら、感情をコントロールするには思考をコントロールすればいい。もっと言うなら、心の中で思い描く文章、つまり自分との会話に使う言葉を変えればいい。そもそも感情はそこから生まれているのだから。

——**アルバート・エリス（アメリカの心理学者）**

これは、現代心理学の父の1人と呼ばれるアルバート・エリスの言葉だ。エリスは、体験の印象はとらえ方や話し方によって変わるということを発見した。つまり思考と感情は切っても切れない間柄にあるということだ。

さらにエリスは、人間は極めて非合理的な考え方をする生き物だということも発見した。

私たちは、毎日のように心の中でこう思う。「自分はなんてバカなんだ」「いつも失敗ばかりして」「もう人生おしまいだ」と。何か悪いことが起これば「最悪だ」と考える。

あとから振り返れば全然大したことのない問題を、大げさに騒ぎ立ててしまった経験があなたにもあるはずだ。あらためて考えると、そうした過剰反応が起こる直前には、ネガティブな心の声が響き、そのせいで理性的な自分がどこかへ行ってしまったことに気づくだろう。


人間は常に理性的なことを言ったり、やったりできるわけではないのに、私たちはみな、自分がいつも理性的だと思い込んでいる。ちょっとしたネガティブな会話からも悪影響をこうむって、ネガティブな感情が呼び覚まされていることに気づいていない。

心の声はいつもはっきり聞こえてくるわけではなく、抑え目のときもあるが、マイナスの作用は変わらない。何かに取り組んでいて、「すごく大変。間に合わなかったらどうしよう？」と思ったことはないだろうか。あるいは「しくじった場合」が気になって、不安や心配を感じたことは？

こうしたネガティブな言葉は、怒りや悲しみ、フラストレーションの呼び水になり、まったく別の状況でそうした負の感情が爆発する原因になりかねない。

ネガティブな声は人生の大敵だ。「大変だ」と自分に言うほど、本当に大変な気がしてくる。残念ながら、私たち人間はそうした自動思考を常に耳にし、ネガティブな声が頭の中で鳴るのに慣れている。そうした思考の影響に気づかないまま、頭の命じるがままに行動している。

一番嫌いな家事を思い浮かべてほしい。そうした雑用がものすごく面倒に感じるのは、面倒だという思い込みがあるからだ。洗濯物をたたむのも、洗った食器を片付けるのも、実際には大した時間はかからない。ところがそうした小さなことも、いくつも積み重なっていけば重大なことに思えてくる。そしてやがてそうしたものに圧倒され、人生に疲れてしまう。

人はどうして、そうした小さなものに「抵抗」するのだろう？　それは、心の中の意見がネガティブだからだ。自分の人生を振り返ってそうした「障害」を探してみれば、私の言っている意味がわかるはずだ。あなたの中には、ポジティブな「セルフトーク」を阻む大きな障害がきっとあるに違いない！

自分にとっての現実は、自分の頭でつくり出せる

話し方が影響するのは、その瞬間だけではない。話し方はその人の無意識に入り込み、身体の一部になって、のちのちの思考や行動も変えていく。

生活への影響で言うなら、話し方は人生観を形づくり、そして人生観は行動を変える。それを無視するのは危険だし、人生観なんてないと自分をごまかすのはもっと危険だ。

「人生は不公平だ」と不平を言いながら生きている人は、その見方に沿った行動を取るようになり、やがては被害妄想を抱く。ある研究によれば、そんな不平をよく言う人は仕事がおざなりになるという。「がんばったって意味がない」と最初から決めつけているからだ。不公平だという見方は、こうしてあっという間にその人の現実になっていく。

逆に、「成功はどこにでも転がっている」という見方の人は、仕事に打ち込めるのはもちろん、エネルギッシュで生き生きとした人生を送ることができる。

もちろん、自分は成功できるという自信は、実際に成功するための（大切ではあるが）

一つの要因でしかなく、成功へ至る道はほかにもある。しかし成功への信念がなければ、道のりは険しいものになる。

「そんな信念なんて持ってない」という人には、この本がお勧めだ。

のちにローマ皇帝になったストア派の哲学者、マルクス・アウレリウスは、

「大切なのは、つらいときに『なんて不幸なのだ』と思うのではなく、『がんばる機会が得られて運がいい』と思うことだ」

と言っている。


問題をどうとらえ、どう表現するかは、すべて自分次第だ。それは足かせにもなれば、前へ進むための踏み台にもなる。人生を沈ませることもあれば、浮かび上がらせることもある。

アウレリウス帝のようなストア派の哲学者は、外界の物事に影響される必要はまったくないと考えていた。自分にとっての現実は、自分の頭でつくり出すことができると考えていた。

痛いと思う気持ちを否定すれば、痛み自体もなくなる。

――マルクス・アウレリウス

この言葉をよく考えてほしい。

人生のあり方は、状況や事情ではなく、自分との対話の仕方によって決まってくる。自分ならできる、あるいは自分にはできないという思考は、実際の状況よりも、自分の無意識の影響を強く受けている。

自分の外側ばかり見て苦境から抜け出そうともがいても、待っているのは無力感や脱力感、倦怠感だけだ。よくても成功と失意、幸福と絶望を行ったり来たりする人生だ。どうしようもない状況もあるだろう。行き詰まり、手が着けられない状況だ。今より幸せでよりよい人生を送れると思って、目標に向かってがんばったのに、結局は何も変わらないということもあるかもしれない。あるいは、いつかは輝かしい日が来るとしても、現在とその日までのあいだは苦しい日が続くかもしれない。

あなたはどうする？

答えを見つける必要なんてない。
あなたが答えなのだから。

この本はあなたが答えを手に入れることを願うが、答えは外側ではなく、あなたの中にある。答えを見つける必要なんてない。あなたが答えなのだから。

私のクライアントには、白馬の騎士の訪れをずっと待っている人がいるが、私はよくこう伝える。あなたが騎士なのだと。あなたの人生は、あなたの訪れを待っている。

脳を少しずつ鍛え直そう

無意識が人生に影響を及ぼすというのは、何も小難しい心理学の話ではない。

思考によって脳の物理的な構造は変わりうるということが、科学的にわかってきている。

この画期的な現象を神経可塑性という。


人は新しい物事を学び、経験しながら生きていき、脳もそれに合わせて神経の通り道を調整する。人間の思考や行動をコントロールするこの通り道は、幸いなことに、思考に注意を払うことで意識的に組み替えることができる。

一番簡単なのは、意識的ではっきりとしたセルフトークを行うこと。自分との力強い会話は、道を切り開き、人生をコントロールする力をもたらす。

無意識にこなせるようになるまで繰り返した行為が習慣になるように、強力かつ積極的な言葉を使い続けることで、人生に決定的な変化が生まれる。

幸せなことを考えていれば幸せが訪れる、といった単純な話ではない（ポジティブ・シンキングを今すぐ捨てる必要はないが）。あなたのすべてが物理的な脳の構造に影響するのだ。

思考をコントロールできれば、どんな気持ちになるかをコントロールできる。そして思考をコントロールするには、使う言葉を意識すればいい。大切なのはオープンな心構え、そして変わりたいという意志だ。

最初の一歩は、自分のためにならないしゃべり方はやめて、ためになるしゃべり方を意識することだ。正しい言葉を使い、問題を別の角度からとらえ直すことで、ものの見方、世界との関わり方は劇的に変わる。

「自分なりの現実をつくる」という言葉を聞いたことがあるだろうか。自分なりの現実はつくれる。たくさんの人が実践している！　何より、ただつくれるだけではなく、そこで行動し、その中で生きられるのだ。

覚えておいてほしい。今の状況がどんなにつらく、厳しいものでも、それをどうとらえ、どう向き合うかで結果はまったく変わってくる。繰り返すが、答えは外ではなく自分の中にある。

話し方、考え方、まわりの物事のとらえ方は、その人なりの現実のまさに基盤となる。望みの現実をつくり出すには、一定の（自分自身や他人との）会話スタイルを身につければいい。

たとえば私は、「問題」をチャンスととらえ直すのを習慣にしている。すると問題はすぐに、自分を成長させる材料になる。落ち込み、イライラしたくなるのをぐっとこらえて、問題に興味を持ち、積極的に関わるようにするわけだ！

セルフトークをアサーティブ（主張型）に変える

自分なりの現実をつくり出すには、セルフトークを会話型《ナラティブ》から主張型《アサーティブ》に変えることだ。セルフトークを「流れていく会話」（自分自身や他人や人生について、意見を言ったり判断を下したりする会話）にするのではなく「主張の場」ととらえるのだ。放っておいたらまぎれ込んでくる「雑音」を振り払い、今この瞬間に、自分の力を注ぐ必要がある。

気をつけていないと犯してしまいがちなミスがある。「〜する予定だ」とか「〜するつもり」といった言葉は使ってはいけない。さらに「〜すべき」や「〜したい」なんてもってのほかだ！　そんなことをすれば、無意識は「それなら今やらなくてもいいか」と思い込んでしまうからだ。

新年の誓いを守れる人がいないのは、そこに「〜したい」などの表現を使うからだ。人は普通、自分がやりたくないことを誓いに書き、「絶対に達成するぞ」とやる気をみなぎらせる。

ところがいよいよ取り組まなければという瞬間が来ると、とたんにやる気がしなくなる。そこにあるのは厳しい現実だ。何かをやめると誓ったことで人生にぽっかりと穴が開き、独りぼっちで立っている気がする。そして心の声が暴走を始める。

ダイエットを誓ったけれど、ピザがどうしても食べたい。貯金を誓ったけれど、ジャケットがほしくてたまらない。最初のやる気が消えうせ、元の思考パターンが戻ってきたタイミングでそうした瞬間が訪れたら、どう対処すればいいのだろうか？　ほかに何ができるだろうか？

アサーティブなセルフトークが真価を発揮するのはこうした瞬間だ。**「自分は〜だ」「〜を歓迎する」「受け入れる」「主張する」といった現在形の力強い断定的な言葉を使い、「〜するつもりだ」とか「〜が目標だ」といった言葉は避けよう。**

今という瞬間に関わるアサーティブな言葉を使うことは、人間の心と体に大きな影響を与えるだけでなく、今の現実を変える力も持っている。「がむしゃらにやる」と「がむしゃらにやるつもりだ」はまったく違う。前者は現時点の人生に切り込むもので、後者は今後の可能性を表すものだからだ。

あなたも日々の暮らしでアサーティブな言葉遣いを心がけ、お茶を濁すようなしゃべり方になっていないか注意してほしい。

この本の使い方

この本では、行動に必要なパワーやエネルギーをもたらし、気分を高め、積極性を引き出すアサーティブな言葉を紹介していく。

歴史上の人物や哲学者の言葉、科学的な発見も紹介しているが、それはアプローチを説明する助けになりそうだと思ったからであって、自分の正しさを証明するためではない。

どれもいい言葉ではあるが、本当の意味でこの本を読み、この本と触れ合いたいのなら、あなた自身が私の言うことをよく考え、ときには疑問を感じてほしい。意見を持ち、検討し、自分であれこれ試してほしい。自分自身のことを確かめるのに一番いい材料は、実体験に決まっているのだから。

ただうなずきながら読んでいくのではなく、自分で内容を確かめながらページをめくっていく人は、これまでに味わったことのない、人生を変えるような劇的な体験ができるはずだ。私の言葉には納得がいかなかったり、心がざわついたり、ムカッときたりすることもあるだろう。それでかまわないから、そのまま読み進めていってほしい。いい映画のように、最後には話がすべてつながってくるはずだ。

あまりにもムカついてどうしようもない人は、読むのをやめて、気に入りそうなまわりの誰かにこの本をプレゼントするのをお勧めする。

この本が、セルフトークの複雑さと威力を理解し、生きていくための武器にする方法を知る助けになればうれしい。この本では、言葉のプラスの力やマイナスの力について、そこまで踏み込んだ話はしないが、読んでいけば、人生は日々の思考とセルフトークによって形づくられているということがわかってくるはずだ。

この本では、あなたに考えることを求める。言葉や感覚を日々の生活と意識的に結びつけ、人生という広大な土地を探索することを求める。やがてあなたは、話し方と感じ方との魔法のようなつながりに気づくだろう。

私としては、付箋や蛍光ペンを使って気になる部分にチェックを入れながら、全体を読み通してほしいと思っている。なるべく多くの人が使いやすい、わかりやすい本となるよう心がけたつもりだ。

各章は全体の一部であると同時に、ある程度は独立しているので、好みに応じてじっくり読み込んだり、さらっと読み流したりしてほしい。ぼろぼろになるまで読み、人生を変えるのに必要な言葉を見つけ出してもらえれば本望だ。

日々の生活の中で、常にこの本と首っ引きというわけにもいかないだろうから（まあ、それでもかまわないが）、この本の真の目的は、人生に行き詰まったり、再出発の必要を感じたりしたときの出発点になることだ。

そういうときが来たなら、この本の世界へ跳び込み、内容を飲み込んで、そしてまだ見ぬ自分を解き放ってほしい。

楽しんでくれたら幸いだ。

第2章

「私には意志がある」

ツキのなさを
嘆くのはやめよう。
ほかの人のせいに
するのはやめよう。
外的要因や、状況のせいに
するのはやめよう。

人生を変えられないことに言い訳をするな

あなたは、がまんして生きる人生を自ら望んでいる。

よく考えてほしい。本当なら輝かしいものであるはずの人生を覆っている問題、あなたの人生から幸せや温かさを奪い取っている、憎むべき暗い影とは、いったい何なのか。

仕事が最悪？　人間関係がうまくいかない？　体の調子が悪い？　なら新しい仕事を探せばいい。その人間関係を断てばいい。食生活を変えて、運動をしたり、自分に合ったジムを見つけたりすればいい。簡単なことだ。

愛する人の死や失業といった一見どうしようもない出来事に出くわしたとしても、そのあとどんな人生を送るかは自分でいくらでも決められる。

状況を変えるために行動する気がないなら、別の言い方をすれば、状況を変える意志がないのなら、どんなにイヤでもそれはあなたが選んだ人生だ。

「でも……」と思ったり、ムッときたりした人もいるだろうが、さらに言わせてもらう。

あなたが状況を言い訳に使うのは、現状を肯定しているのと同じだ。そんなことはもう終わりにしよう。

「でも」はナシ。邪魔なだけだ。身軽な旅に、「でも」のような余計な荷物は必要ない。

状況は人をつくったりはしない。
状況は自分を映す鏡でしかない。

――エピクテトス（ギリシャの哲学者）

哲学者のエピクテトスは、人の真価はその人が置かれた状況ではなく、状況への対応の仕方で決まってくると言っている。そうした新しい生き方を始める前に、まずはもう一つ、次の言葉を胸に刻んでほしい。

ツキのなさを嘆くのはやめよう。
ほかの人のせいにするのはやめよう。
外的要因や、状況のせいにするのはやめよう。
子ども時代や、育った環境のせいにするのはやめよう。

これが、この本の基本となる考え方だ。何度でも言わせてもらうが、自分の人生が苦しいのを、何かのせいにしてはいけない。自分のせいにするのもまったく無意味だ。

もちろん、自分の力ではどうしようもない状況に直面することはある。障害や病気、愛する人の死といった、つらい状況に置かれることもあるだろう。

それでも、できることは必ずある。何年も苦しみが続き、出口が見当たらないように思えてもだ。しかしそれにはまず、「やるぞ！」という意志を持たなくてはならない。私のアプローチをフルに活用するには、まずこう認めなくてはならない。

「**仮にどうしようもない出来事が起こったとしても、そのあとどんな人生を送ったかは100パーセント自分の責任だ**」と。

どんなときも、必ず。言い訳はナシだ。

意志とは、今とは別の視点で人生を歩み、状況に向き合う姿勢のことだ。その過程はあなたから始まり、あなたで終わる。意志を持つのはほかの誰でもないあなた自身だし、前へ進む意志をあなた自身がしっかり持たない限り、前進はできない。

「やるぞ！」という意志があるか？

やるぞ！という気持ちになることができれば、意志を体感し、内なる自由が体中を駆け巡るのが感じられる。逆に意志がなければ、どうしようもない停滞感や、見えないおもりを胸に抱えているような圧迫感にさいなまれる。

「やる意志はあるけど、でも……」と言いたくなる気持ちはわかる。しかし最後に「でも」をつけるたび、自分は被害者という意識が強まっていく。

コーチやメンターとして過ごしてきた日々の中で、私はクライアントの複雑な状況をいろいろ耳にしてきた。この上なく暗い過去から、重苦しい現状、将来への不安……。そうしたものを何度も聞いてきた。

勘違いしないでほしいのだが、私は何もあなたをカッとさせようと思って言っているわけじゃない。まあ、そういう面もなきにしもあらずだが、本当に火をつけたいのはあなたの中に秘められた力だ。つまり自分のすばらしい才能に気づいてほしいだけだ。

少し考えれば、あなたも自分の人生に意志が欠けていることに気づくはずだ。ちっぽけでやわな意志じゃない。大胆な意志、つまり新しい段階や次の行動への覚悟の姿勢だ。変わりたいという意志や、手放す意志、受け入れる意志。本当の、奇跡のような、刺激的な意志だ。

運命は意志ある者を導き、ためらう者を引きずっていく。

――ルキウス・アンナエウス・セネカ（ローマの哲学者、政治家）

運命は、コントロールするものでもあり、コントロールされるものでもある。あなたが立ち止まり、ぐずぐずしているあいだも、人生は止まってはくれない。困惑し、おびえているあいだも止まってはくれない。あなたを置いてどんどん進んでいく。あなたが主役を演じようと、そうでなかろうと、芝居はどんどん進んでいく。

だからこそ、私はクライアントに必ずこのアサーティブな言葉を最初に覚えてもらうようにしている。「**私には意志がある**」

「何かをする意志があるか？」と自分に問いかけてほしい。問いかければ答えが必要になる。ぼんやりと宙を漂ったりはしない。意志があるかという問いかけは、反応を引き出す。その言葉には、あらがうことを許さないパワーがある。真実を求める、まごうことなきパワーがある。自分に問いかけてほしい。

自分はジムへ通う意志があるか。

ずっと先延ばしにしていたことに取り組む意志はあるか。

人間関係の不安と向き合う意志はあるか。

給料アップを求めるか、さもなくばこの最低の仕事を辞める意志はあるか。

あなたが立ち止まり、
ぐずぐずしているあいだも、
人生は止まってはくれない。
困惑し、おびえているあいだも
止まってはくれない。
あなたを置いてどんどん進んでいく。

要するに、今までの生き方に区切りをつけて、望みの人生を始める意志はあるかということだ。その過程は、湧き出す意志から始まる。意志は浮き沈みのある人生の中の、寄せては返す波だ。意志という水は、言葉を変えることで心の中に湧き出すようになる。人はよく、自分が自堕落で怠惰な人間だと感じるが、それは単に意志がないだけだ。人はみな、「やりたくない」あるいは「できない」と自分に言い聞かせ、何かに取り組むのを避けようとする。

そんなふうに「能力が足りないから動かないんだ」という見方はやめて、「意志がないからだ」という感覚を持つようにしよう。その気になりさえすれば、内に秘めた力に火をつけることはできる。最大の動力源はあなた自身だ。

人は誰でも、活力にあふれた青春時代、あるいは好奇心旺盛な子ども時代には、その状態に簡単にアクセスできる。ところが年齢を重ねるにつれ、どういうわけか、その奇跡のような状態に達する方法がわからなくなっていく。

イタリア、ルネサンス期の有名な哲学者であり政治学者であったニッコロ・マキャヴェッリはこう言った。

大きな意志のあるところに、大きな困難はない。

この言葉をよく考えてみてほしい。どんな状況に直面しているか、どんな壁を乗り越えようとしているかは、さして問題じゃない。

大切なのは、意志を持てるかどうかだ。その意志によって、努力し、一歩を踏み出し、困難に立ち向かい、求めていた前進と変化を手に入れるための扉が開かれる。

だからこそ、「私には意志がある」というシンプルな言葉は深いものなのだ。そう口にし、その言葉を受け入れるだけで、生き生きとパワーが湧いてくる。

もう一度尋ねよう。あなたに意志はあるだろうか？

「意志がない」と宣言してもいい

もしかしたら、「意志がない」人もいるかもしれない。しかしそれこそがベストの答えになる場合もあるのだ。

「意志がない」と宣言することが、あると宣言するのと同じだけのパワーを持つことが往々にしてある。

不健康な体で生きる意志がある？　まさか。その日暮らしの生活を続ける意志がある？　まさか。ぎくしゃくした不安定な関係をがまんして続ける意志がある？　まさか。

そんなの絶対にイヤだ！

否定の意志は、決意や決心を呼び覚ます。「この状況を一刻も早くなんとかするぞ」という強い気持ちを生み出す。そんなのイヤだと思う瞬間は、これまでの不本意な人生との決別の境界線になる。

満足感も充実感もないまま、ただ生きるためだけに生きるのはもうイヤだと思って、はじめて変化のための努力をしようという気になれる。がまんするのはもうイヤだと思ってはじめて、シャベルを手にして掘り始めようという気になれる。

「こんなのもうイヤだ」という思いは、ときとしてこれ以上ないモチベーションになる。

今のあなたに必要なのはどちらだろうか。「やるぞ！」という意志か、それとも「もうイヤだ！」という意志か。

いずれにせよ、否定の意志は、やろうという意志と同じだけのパワーを秘めている。「やるぞ」という主張がパワーになるか、それとも「イヤだ」と宣言することが力になるかは状況次第。どちらがモチベーションになるかは場面によって変わってくるだろう。

どちらにせよ、言葉を変えれば問題のとらえ方も変わってくるのだ。

新しい仕事を探しているなら、イエスを意味する「意志がある」のほうがいい。逆に仕事を辞めたいなら、ノーを意味する「もうイヤだ」のほうが合っている。

効果は同じ。どちらを使うかはその人の性格や状況次第だ。自分に「効く」ほうを選んでほしい。

ネガティブな意志のパワーを活用する

否定の意志が、回し車から抜け出す力になる理由をもう一つ紹介しよう。それは、やるぞという意志はさほど長続きしないからだ。何をやると決めたかや、何回言い聞かせたかは関係ない。人間は、志高く何かを始めたものの、尻切れトンボに終わってしまうものなのだ。

人間は現状維持を求める。これは残酷な現実だ。人生が一変して大事なものを永久に失うのをイヤがり、ほどほどのところでお茶を濁そうとするのが人間だ。そうでないなら、あなたも現時点で変わっていておかしくないじゃないか！　程度の差こそあれ、人は誰しも現状に甘んじて生きている。

それは悪いことではない。**現状維持を決めた自分を正直に認めることは、行動を起こす決断と同じパワーを持つ。**不満足な状況に身を置いているのは自分の意志だと認めることは、長期的かつ本格的な変化を起こすための原動力になりやすい。

自分を責めたり、自分が性格的な「欠陥」の被害者だと思ったりしないよう気をつけつつ、自分が意識的かつ意図的に今の状況をつくり出してきたことに気づくことができれば、そこから意識的かつ意図的に抜け出せるようになる！　状況を受け入れ、想像もつかない未来へはばたく土台になる。

賢い人間とは、手に入らなかったものを嘆くのではなく、手にしたものを慈しむ人を言う。

——エピクテトス

変わるなんてイヤだと宣言し、自分の中の否定の意志と向き合うことで、自分自身と人生を正しく評価できるようになり、一歩を踏み出すための光がうっすら灯る。

コツは（対象はなんであれ）イヤだと思っていたタスクを過去と切り離して冷静に見つめること。そうすれば、今までよりも広い心でタスクに取り組もうとしている自分に気づくはずだ。感情の渦を抜け、問題の本質をまっすぐ見つめよう。

本当にその目標を達成したいのか？

現実離れした目標も問題だ。星に手を伸ばし、不可能に思える目標に挑戦するのが悪いと言っているのではない。

たとえば、大金持ちになりたいというのは人類共通の夢だろう。それでも、お金を稼ぐためになんでもする意志があるかとなると話は別だ。あなたは大金を稼ぐために週に60、

70、80時間も働き、休みも取らずがんばり続ける気があるだろうか。
そのために大きな責任を負い、さらにはリスクを取る気があるだろうか。現実問題として、大金持ちになるためならどんなことにでも立ち向かい、乗り越える気があるだろうか。そのことに人生のすべてを費やし、心の余裕がなくなってもかまわないだろうか。

今の世の中には、深く考えずにそうした目標を追い求める人があまりにも多い。一番のお金持ちになりたい、きれいになりたい、おしゃれになりたい、楽しい人間になりたい、強くなりたい……そう思うあまり、本当の自分を見失い、誰かの期待する自分ではない、本当の自分になる自由をなくし、人生を味わえなくなる。世の中が無力感や失望感を抱く人でいっぱいなのも無理はない。


夢を追い求めるのが悪いと言っているんじゃないし、行き詰まったままでいろと言っているのでもない。私生活を犠牲にして一生懸命に働くのは何も悪くないし、収入アップやキャリアアップのためにがんばる自分に100パーセント満足している人もいる。

問題は、そもそもなんでそうしたことを目標にしたのかを忘れてしまっている人が多いことにある。

人間は、よく考えたらさほどほしいわけじゃないのに、持っていないからという理由で何かをほしがる生き物だ。「確かに、別に自分は大金持ちになりたいわけじゃない」とか「よく考えたら割れた腹筋なんて要らないな」と思った人も多いんじゃないだろうか。

カッコいい車を見て「なんで自分はああいうのを持ってないんだろう」と思い、雑誌の表紙を見て「なんで自分はこうじゃないんだろう」とか「なんで自分の服はこういうふうにイケてないんだろう」とか感じるのは悪くないが、自分が本当にほしいもののためにがんばっているかを定期的にチェックしよう。1回ほしいと思っただけのものは、本当の目標とは言えない。

それでもどうしてもほしいなら、歩み出せばいい。今日から着手し、作戦を立て、現実を乗り越え、何より手に入れるための行動を取ろう！

しかし、もし一般車でなくＢＭＷで出社するために週に10時間、20時間の残業をする意志がないなら、貴重なリソースを無駄なことに注ぎ込むのはやめたほうがいい。自分にウソをついちゃいけない。**目標達成に必要な行動を取るのがイヤなら、本当はほしくないというサインだ。**それを認めれば、今の人生を楽しみ、本当にほしいもののためにがんばる余裕が生まれる。

20歳のころの体を取り戻すために、好物をどれもがまんするのは「もうイヤだ」。給料を一桁増やすために家族との時間を犠牲にするのは「もうイヤだ」。そんなふうに思おう。

現実と向き合おう。「もうイヤだ」の精神を採り入れたら、「ほしい」ものを目にしたときに罪悪感や後悔を抱くことはなくなり、本当の人生とつながれる。そしてもし、将来また何かを本当にほしいと思うようになったのなら、そのときは現状を打破して目標へ至るまでの道筋を考えればいい。

目標への道筋をはっきりさせる

人生と目標を真剣に見つめることは、目標への道筋を考え直す機会になる。

1日30分の運動は、本当に頭で思うほど難しいだろうか。確かに少し汗はかくし疲れるが、お気に入りの音楽をかけていれば30分なんてあっという間だ。それに最初は少しつらいかもしれないが、やっているうちにだんだん慣れてくるし、身体も強くなる。

ミーティングで自分の意見を言ったときに起こりうる、最悪の事態はなんだろう？　アイデアが却下されること？　でもそれがなんだっていうんだろう？

もっともっと大きなタスク、たとえば滞納していた税金を納めるとか、散らかり放題のガレージを片付けるとか、ずっとだましてきた誰かに本当のことを打ち明けるとかであっても、変化の道のりが意志のかすかな光から始まることに変わりはない。

人間は物事を大げさに考えるという点を忘れないでほしい。真実を告白する行為が、サハラ砂漠を横断して帰ってくることのように思えたら、「目を覚ます」「ベッドから出る」「メールを開く」というように、**タスクを小分けにして意志を宣言するといい。**

もちろん、はるかに大きなタスクに取り組んでいる人もいるだろう。しかし手順はまったく変わらない。

たとえば、暗い秘密を以前から1人で抱え込んでいるとする。そのことに恥ずかしさや罪悪感、後悔を抱いていて、そのせいで人生も大きく変わってしまったとする。

そんなときは、「ずっとだましてきた人に本当のことを告げる意志があるか」と自分に問いかけるといい。そうすれば、いつ告白し、相手の話を聞き、その結果起こることに対処すべきかがはっきり見えてくる。

すごく大変に思えるかもしれないが、やってやれないことはない。大切なのはタスクではなく、タスクを終えたあとに待っている人生だ。うしろめたさやウソ、気がかりから解放された、自由な人生を想像してほしい。そのときあなたは、誰にも気兼ねすることのない、最高に生き生きとした自分になれる。

ほとんどの場合、人が取り組むタスクは思っているよりずっとシンプルだ。問題は、そのことを確認する時間があまりない点にある。本当に困難な壁もときにはあるが、同時にその壁の向こうには夢の人生が待っている。誰もが望む自由な人生が。

だから主張しよう。「私には意志がある」と。

本当に大切なものに集中しよう

「やりたい感じがする」「やりたくない感じがする」といったあいまいなものではなく、「やる意志がある」「やるのはイヤだ」というレンズを通すと、世界がもっとクリアに見えてくる。

持っていないものをほしがって時間を無駄にするのではなく、自分の人生にとって本当に大切なものに集中しよう。嫉妬や性欲、物欲に引きずられるのではなく、それらを変化を求める意志に置き換えれば、物事がもっとくっきりとした形に見え始めるだろう。

本気でやりたいことを把握できれば、無意識の思考や感情からコントロールを取り戻し、本当に進みたい方向へ足を踏み出せるのだ。


あなたには、何が自分にとっての真実で、何がそうでないかを決める力がある。決めるのは過去の亡霊のような無意識のうずきではなく、現実に切り込む力を持った意識的な自我だ。意志は真実であり、あなただけが生み出すことのできる美しいものだ。

「金持ちになれなかった自分は失敗した人間だ」とか、「ダイエットできなかった自分はなんてだらしない人間なんだろう」とか考えて、最低の気分になるのはもうやめにしよう。なぜって、決めるのは自分だからだ。

自分や状況に対してネガティブになり、落ち込むのではなく、「やる意志があるか、それともイヤか」を基準に問題をとらえれば、自分でつくっていた壁を壊せる。視界をさえぎっていたネガティブなセルフトークや感情の向こう側を見通せるようになる。

目標達成に必要なことをする意志さえあれば、あとはどうにでもなる。やらなくちゃならないという強い使命感を抱いていれば、本当にやりたい何かを遠ざけることも、責任逃れをすることもなくなる。

意志。それは新しい無限の可能性の泉から湧き出す命の水だ。新しい未来と、まったく新しいあなたの出発点となるものだ。

自分自身に、「意志があるか？」を何度も何度も繰り返し、そう問う声が聞こえてくるまで問いかけてほしい。朝起きて最初に、夜寝る前に最後に、運転しながら、シャワーを浴びながら、「意志があるか？」を確かめてほしい。確かめて、確かめて、確かめて、「イエス！」の声が頭に響きわたるまでになってほしい。**「私には意志がある！」**

もう一度尋ねよう。「あなたには意志があるだろうか？」

第3章

「私は勝つに決まっている」

実はあなたは、
もうすでに人生に勝っている。

人生で起こるすべての出来事は勝利だ

あなたは自分では、人生の負け組だと思っているかもしれない。しかし信じられないかもしれないが、あなたは本当は勝っている。**人生で起こるすべての出来事は勝利だ。**これは事実だ。ただの気休めでもないし、読者を喜ばせるためのキャッチフレーズでもない。

あなたはチャンピオンだ。いくつもの目標をノックアウトし、連勝街道を走ってきた人間だ。あなたが頭で思い描いたことは、どれも現実になっている。

そろそろ「こいつ、頭がおかしいぞ」とか「もしかしたら自分の頭がおかしくなったのかも」と思う人がいるかもしれない。私が別の誰かの話をしていると思った人もいるかもしれない。

しかし、私が話しかけているのはあなただけだ。どちらも頭がおかしいと決めつける前に、ちょっと説明させてほしい。

こう考えてみよう。あなたは人生をかけて本当の愛を探し求めてきた。人生を分かち合う特別な相手を探してきた。しかし現時点で愛はまだ見つかっていない（あくまでたとえばの話だ。愛でなくても、行き詰まりを感じている部分ならなんでもいい）。

誰かと出会い、付き合ってはみるものの、「永遠」には届かずに終わってしまう。「運命の人」は現れず、おとぎ話は終わりを迎えた。待っているのは味気ない現実だ。

やがてあなたは希望をなくし始める。夢に思い描いた相手と巡り会えることは決してないのではないかと思いだす。自分はそういう運命の下には生まれていないのだと。

「いつか、自分を愛してくれる人が現れるのだろうか？」
「自分には愛される価値があるのだろうか？」
「なんで自分はいつも同じタイプの人に惹かれるのだろうか？」

あなたは、愛情に飢えていた子ども時代を振り返る。疎外感を味わった青春時代や、恋愛映画の破局シーンのような終わりを迎えた過去の恋を振り返る。自分はいつもこうだ！

そんなある日、あなたはある人と出会う。何回か会ううちに、２人でいるとすごく楽しいことに気づく。すべてが順調に進み、一緒に過ごす日々が数日から数週間へ、数週間から数カ月へ延びていく。

そしてやがて、気持ちを打ち明けるのをがまんできなくなる日が訪れる。２人は、はじめて「愛してる」の言葉を交わす。

恋に落ちたあなたはこう思う。「この人が運命の人かも」。今度こそ、そうなのかも。やった！　喜びと興奮、未来への希望で胸が躍り、人生が輝く。

ところがそのあと、暗い疑いの雲が垂れ込め始める。最初は小さかった疑念がだんだんと膨れ上がり、たちまち嵐になって吹き荒れる。恋に落ちたと思ったら、別の場所に落ちている。暗い暗い深みに。ほんのささいなことがけんかの種になる。興奮がちょっとずつ冷め、２人の関係は荒涼とした砂漠と化し、あなたはただ付き合い続けるためだけに付き合う日々に疲れていく。ああ、もうやめて。


そしてあるとき、２人は関係が破綻していることに気づく。たぶん（何回目かの）落下点に到達してしまったのだ。あるいは、関係は最初から少しずつ冷え始めていて、いよいよ終止符を打つ瞬間がやって来ただけのことかもしれない。

いずれにせよ、2人は別れを選ぶ。どうしようもなかった。傷つき、疲れたあなたは、それでもいつかもっと素敵な恋に巡り会えると自分に言い聞かせる。いつの日にか。

しかし実は、あなたが今過ごしてきた日々こそが素敵なのだ。負けたように思えるかもしれないが、実は輝かしい大勝利なのだ。天からの贈り物のような勝利。万歳！

実はあなたは、今の人生に勝っている。

こんな人生なんて望んでないと思っても勝っている。

「負けているのに勝っている」というミステリー

失敗に終わった関係を、私が勝利と呼ぶのはなぜか。

1人のほうが気楽でいいから、なんて言うつもりはない。あなたは特別なひとひらの雪で、「いつかそのときが来たら」ぴったりの相手が現れるよ、なんて請け合うつもりもない。あなたは何も悪くないとか、問題があったのは相手のほうだといった自己肯定的な言葉をかけるつもりもない。私もあなたも、そんなのは単なるごまかしだとわかっている。

そうじゃない。失敗した関係に勝った、と私が言ったのは、あなたが最初に立てた目標をしっかり達成したからだ。はじめて「こんにちは」を言った瞬間に。

「あっちがだらしないからだ！　関係をダメにしたのは向こうだ！」と言いたい人もいるだろう。しかし、そもそもその相手を選んだのがあなたの無意識だったとしたら？　同じ寸劇を何度も何度も繰り返すのに最適の相手を選んだのだとしたら？


要するに、実はあなたは、自分を一生愛してくれる相手なんて現れないということを証明するために、その人に恋したのだとしたら？　つらかった子ども時代や、過去のひどい恋愛への無意識的な反応として、その人に惹かれたのだとしたら？　無意識の奥深くに埋め込まれたパターンをなぞるように、実はあなた自身がわざと関係を失敗へ導いていたのだとしたら？

ありもしない問題に敏感になったのはあなただ。ほんの小さな問題を取り上げてイライラしたり、感情を爆発させたりしたのはあなただ。そうやってあなたは、恋は悲しい終わりを迎えるのが道理なんだという自分の考えを証明した。「勝ちっぱなし」と言ったのはこういう戦いを指している。

あなたは、自分には愛される価値がないと決めてかかっている。そのことを証明しようとせっせとがんばり、そして成功を収めた。おめでとう！

自分がどうしようもないサドで、同時にマゾだと感じた人も、心配しないでほしい。希望の光はある。

今のたとえ話が当てはまらない人もいるだろう。愛する伴侶と幸せな結婚生活を送っている人や、逆にプロポーズしてくる相手を追い払う人もいるかもしれない。その場合は自分の「暗部」、つまり一番うまくいっていない、負けっぱなしに思える部分に目を向けよう。

人の思考はとても強力で、常に目標達成へ駆り立てる。それが目標だと本人が気づいてないときでさえ、だ！　あなたの脳には勝ち癖がついている。

その傾向は恋愛以外にも当てはまる。キャリアにも、運動にも、貯金にも、何にでも関わっている。あなたには徹底的な勝ち癖がある。

そんなわけで、この章のアサーティブな言葉はこうだ。「**私は勝つに決まっている**」

あなたは常に勝っている。脳がそうさせている。問題は、無意識的な本当の望みと表向きの望みとのあいだにずれがある点、ときにはまったく異なっている点にある。

人は人生のほとんどを
自動操縦モードで過ごしている。
意識的に何かを
考えることのないまま、
ぬかるみを這い進んでいる。

自分を縛っている限界に気づこう

幹細胞とDNAの研究で有名なブルース・リプトン博士は、人間の日々の行動の95パーセントは無意識的なものだということを発見した。つまり、意識的な行動や言動は全体のほんの一部にすぎない。

これは少し考えれば当たり前の話だ。たとえば時間の感覚。車で帰宅した日があったが、途中で何があったかや、いつの話だったか思い出せないということは多い。人は人生のほとんどを自動操縦モードで過ごしている。意識的に何かを考えることのないまま、ぬかるみを這い進んでいる。

あなたの人生の道行きを決めているのは、そうした心の奥深くにある隠れた思考だ。脳はその道を行けとせっつくが、その道とあなたが意識的に選んだ道は必ずしも一致しない。

収入が増えそうな気がしない。体重が減りそうな気がしない。それはもしかしたら、無意識の隠れた考え方の影響かもしれない。その思考が、自分は経済的にこの階級に属すべきだ、あるいは自分の体型はこの程度だと自動的に決めつけ、その快適このうえない場所にとどまれる行動を取らせているのかもしれない。

私がよく言うのは、人は自分のなわばりや世界では無敵だということだ。たとえば年収400万円というのは、一つのなわばりになる。その額を稼ぐのに必要な計画、作戦、思考といったものが、そのエリアを形成している。

信じてもらえるかどうかはわからないが、400万円稼ぐよりも600万円稼ぐほうが難しいとは限らない。難しいように思えても絶対とは限らない。時給2500円だろうが、5000円だろうが、40時間の労働が40時間の労働であることに変わりはない。

仕事の中身や効率を見直すことも大切だが、なわばりを離れることを考えたほうがいいときもある。それにはまず、自分を縛っている限界に気づかなくてはいけない。それは「絶対」に思えるものや、今のあなたが気づいていない何かだ。

言い換えるなら、自分や他人、人生はこういうものだという先入観だ。それが、あなたの内に秘めた力が引き出されるのを阻んでいる。その壁を壊せれば、今の自分を超えた人生を送り、この現象のパワーを理解できるようになる。

人生はそんなに単純なものじゃないと思う人もいるだろう。しかしこうした見方をすることで、今までとは次元の異なる成果を挙げられるようになる。それは別の話なので詳しくは話さないが、さしあたっては、人生はいくつかのなわばりに分割されていて、あなたはその中で勝っているという点をわかってほしい。

ポイントは、どんななわばりであれ勝っていることだ。そこではあなたの勝ちは決まっている。抜け出すには、自動思考を変えるという大変な作業が必要だ。

自分は何に「勝っているのか」を振り返る

まだ納得できない？　そういう人は我が身を振り返り、自分がいったいどこで勝っているかを確認してほしい。

そこは、あなたが問題を抱えている部分だ。あなたが人生で一番苦戦しているのはどこだろう？　キャリアアップか、よくない習慣か、それとも食生活か。

きっとあなたは、その何かをギリギリまで先延ばしにしているはずだ。あとにして、あとにして、そしてこれ以上はもう先延ばしにできない、これ以上あと回しにしたら間に合わないというプレッシャーがのしかかってきて、慌てて取りかかるのがお決まりのはずだ。

人間は、何かを証明する戦いに勝ちながら生きている。今の例なら、取りかかるのをギリギリまで先延ばしにすることで、時間のなさや、自分のだらしない性格、負け犬っぷりを証明する戦いに勝っている。

大切なのは自分に疑問を投げかけ、どういう行動を取ったかを再確認することだ。その行動の真意は何だろうか。やり終わったり、言い終わったりしたときに、正しいと証明したいと思っていることは何だろうか。

恋愛の例でも言ったように、人は自分自身や人生についての固定観念を抱いている。そして、日々の行動でそれを証明している。その人生観は、その人の現状と不気味なほどぴったり符合する。車を回しているだけの人生のような気がする？　ならあなたは、それを通じて何かを証明しようとしているのだ。

「自分には愛される価値がない」「自分は賢くない」「自分は負け犬だ」「もう昔の自分じゃないから」。無意識の世界でこうした言葉が繰り返されていたら、それを証明する達人になっていくのは当然だ。

それをやめてポジティブな成功を収めるには、無意識の思考が間違いだと証明しなくてはならない。無意識の世界のあなたにとって、それは足元が揺らぐような出来事で、とても耐えられない。自分という人間の根幹が揺らぐ考え方なのだから！

私のところに来るクライアントには、一つの共通点がある。それは、今の自分の惨めな状態は両親のせいだと証明したがっている点だ。表現の仕方は人それぞれで、マシなものもあれば、ひどいものもある。わかりにくいものもあれば、はっきりしたものもある。ただ、どれも非常に強力な思い込みなのは確かだ。

彼らはいろいろな形で、両親の子育ての失敗を証明しようとする。自分の体を痛めつけ、警察に捕まり、ドラッグやアルコールにおぼれ、学校をやめ、人付き合いに失敗し、いつもお金に困り、しくじる。坂道を転がり落ちながら、孤立し、大人として生きる大変さに途方に暮れている。

そうした体験を告白しながら、クライアントは気づいていく。自分は両親の失敗のせいで、子ども時代が悲惨だったせいで、大人になる準備ができなかったと「証明」したいのだと。こんな考え方は、一見するとばかみたいな振る舞いへの都合のいい言い訳になる。

あなたはどうだろう。人生の問題を振り返ってみてほしい。**どんな戦いに勝っているのかという視点で、その部分を見つめてほしい。**いったい何が見えてくるだろうか。

何事も中途半端で終わってしまうことが問題なら、おそらくそれは、自分が無能で怠惰な人間だと信じたいからだ。そして、途中で立ち止まり、だらけることでそれを証明しようとしている。自分と周囲に対してその程度の人間なのだと示そうとしている。

なんでそんなことをするかといえば、生存のためだ。先の見えない人生を進むのに、過去をリピートして生きるほど安全なことはない。どんなにネガティブでひどいやり方だったとしても、あなたはそうやってここまでたどり着いた。ここまで生き残ってきたのだ。

ここまで挙げた例以外にも、形はいくらでもある。まったく別の部分で勝ち続けている人もいるだろう。時間をかけて振り返ってみてほしい。必要ならパターンを書き出して、パズルのピースをはめていってほしい。

両親にまったく問題はないけれど、浮気性の人もいるかもしれない。それはもしかしたら、相手が両親のようなすばらしい人間じゃないと証明したいからかもしれない。

ポイントは、誰もがそうした考えを持っていることだ。

人生のいろいろな場面を振り返り、それらをつなぎ合わせて、自分が抱いている思い込みを探り出そう。ダイエットに失敗したとき、貯金ができなかったとき、本音を話せなかったときは、メモを取ろう。何日ジムをさぼったかを思い出そう。銀行ではなくショッピングモールに足が向いてしまった理由を考えよう。

そうした場面を例にとり、何かに対する「勝利」が隠れていないかを確かめよう。冷静でなくてはならない場面で文句を言い、逆上してしまった経験は何回ぐらいあるだろうか。そのことは、いったい何を意味しているのだろうか。

そしてどんなわばりであれ、よく見ていけば、そこが自分の得意分野だと気づくはずだ。

使ったお皿を何日もシンクにためておける人。お皿やカップ、フォークやナイフを全部使ってしまって、それでも負けじと想像力を働かせ、タッパーから計量スプーンで直接シリアルをすくって食べる人。なんというライフハック。ぜひ写真を撮ってピンタレストに投稿すべきだ。

実際、それはちょっと変わってはいるが見事なテクニックだと思うのだ。

こうした視点で自分の人生を分析すれば、私の言っている意味がわかってくるはずだ。

あなたには、本当に勝ち癖がある。望みを実現する力が本当にある。

哲学者のセネカはこう言った。

心の力を征服することはできない。

愛される価値がない。怠け者だ。いつも太っている。いつも貧乏だ。そうしたことを証明しようとしている自分の心を征服することはできない。

しかし少し見方を変えれば、そうした難攻不落ぶりを活用し、ポジティブな目標や夢に向かって行動できる。

人にはみな勝ち癖が備わっている。必要なのは、それを正しい対象へ向けることだけだ。

そうすれば、意識的に選んだなわばりで、あなたは勝利を収められる。

自分の「勝ち癖」を目標に向けよう

幸せを得られるかどうかは、思考の質に左右される。
それゆえ、適宜注意を払い、悪辣で無分別な考えにおぼれることがないようにしなければならない。

――マルクス・アウレリウス

ここまで見てきたように、無意識は人間のあらゆる行動に大きな影響を及ぼしている。正しい決断を常に意識していても、実は意識は全体のほんの一部分でしかない。

「私は勝つに決まっている」という言葉は、あなたとあなたの心の強さに気づく助けになる。それでも、無計画ではそのパワーを有効活用することはできない。

必要なのは、「バケツ」を正しい考えで満たすことだ。方法を紹介しよう。

まず、自分が変えたいと思っていることを思い浮かべる。先ほど確かめた、問題のある部分に関係のあることでもいいし、まったく別のことでもいい。

あなたが心から前に進みたいと思っているのはどの部分か。心から達成したいのはどんな目標か。

思い浮かべたら、今度はそれをいくつかに分割する。具体的にどんなステップを踏めば目標へ到達できるか、進捗の確認に必要な指標は何かを考えよう。

ダイエットなら、食生活を変え、運動を増やし、もっと健康的な習慣をつけるのに必要なことを考えればいい。実践すべき現実的な日々の行動を洗い出すわけだ。

さらに、ダイエットの途中や成功後の新しい心構えも考える。目標達成にはがむしゃらさが必要だ。特に、過去に根差した自動的な心の声が響きわたっているときには、生半可なことでは変化は生み出せない。

問題と真正面から向き合ったら、自分に対する印象がどう変わると思うだろうか。ダイエットに成功し、望んでいた健康な体を手に入れたら、自分自身に対する考え方はどう変わると思うだろうか。新しい人生はどんな感じがすると思うだろうか。一気に最高の気分が味わえると思ったなら注意が必要だ。未来のあなたは、今のあなたに対する答えにはならない。

言ったとおり、無意識の思考は心理に深く食い込んでいるから、目に見えない強力な思考と意識的な目標をすり合わせるには、膨大な思索と、想像と、努力が必要だ。この本を読み進めながら、じっくり時間をかけて進めていってほしい。

自分で考えついた問題のある部分に目を向けているなら、絶対に忘れられない、心が痛い場面を思い出すかもしれない。恋人の裏切りや、子どものころのいじめ、自分の期待にちっとも応えてくれない両親、人前で恥をかいた思い出、仕事での大失敗……。

しかし将来や本当の望みを考えれば考えるほど、その思考はますます深く心の奥へ入り込み、しっかり根を張るようになる。自分が何に勝っているかを明らかにする際は、そうした考えや行動に抵抗しようとしてはいけない。

必要なのは、思考を別の目標や結果に振り向けることだ。自覚的に進め、自分がコースを外れそうになっていないか注意しよう。自分の得意技を理解するほど、照準変更もうまくなっていく。

生涯の目標を立て、そのための行動を取る強い決意を持ったら、あとは始めるだけだ。人には勝ち癖がある。あなたにもある。自分がどんなゲームをプレイしているのかを明らかにし、挑戦を歓迎し、自分をもっと深く、有意義な形で理解していこう。

自分自身と、自分を縛っている鎖を本当の意味で理解できれば、かつてないレベルの自由と成功があなたを待っている。自分の十八番をもっと強く意識できるようになれば、そのなわばりの活用できるスペースが広がり、チャンスも増す。

それができたら、今度はそこから跳び出そう。自分を信じ、自分のあふれる能力をフルに発揮して勝利をつかもう。今までとは違うエキサイティングな勝利を手に入れるための挑戦をしよう。あなたの中に眠っているすばらしい才能を呼び覚まし、そして私に続いてこう言おう。「**私は勝つに決まっている！**」と。

第4章

「私にはできる！」

誰だってその人なりの
問題を抱えている。
完璧な人生なんてありえない。
絶対に。

問題は必ず起こる

ちょっとしたイヤな気分や軽い敗北感は、生きていれば普通に味わうものだ。何をやってもうまくいかず、あきらめるつもりはないけれど（ときにはあきらめることもあるが）、間違いなくつらいときは必ずある。

大きな問題に見舞われるときもある。仕事をクビになったり、離婚届を出されたり、車で事故に遭ったり、その三つが同時にやって来たり。お守りを持っているだけではどうにもならない出来事が人生では起こる。

そこまで深刻ではないものもある。お気に入りのシャツをなくしたり、メガネが割れたり、犬があなた宛ての手紙で遊んだり。夜あまり眠れない人もいるかもしれない。料理を焦がしてしまった人もいるだろう。

そして、ネガティブな体験はたいてい一つの問題で終わらない。問題は拡散する。毒ガスのように、人生のあらゆる側面へにじみ出していく。

お金の問題を抱えている人は、意識的か無意識かは別にして、食事がストレスになる。つまり食事を楽しめない。家族にイライラすることも多くなる。パートナーに腹が立ち、子どもを避けるようになる。犬が吠えたり、ご近所が騒がしくしたりすればむしゃくしゃする。渋滞や行列のような小さなことにもがまんできなくなる。

小さな問題が大きなものに拡大していくのは、人生すべてが汚染されていくような感覚だ。デスクにこぼしたコーヒーのように、小さな問題はあっという間に大きく広がっていく。茶色い液体が容赦なくパソコンや電話、書類の束に迫っていき、慌てて紙を当てて被害を食い止めようとしても役に立たず、状況は悪化するばかりだ。

小さな問題は人生のあらゆる部分に影響を及ぼし、そしてやがて、その問題にまつわる感情が物事を見つめるレンズになっていく。

そしてついにはこう考えるようになる。

「生きるのってすごく面倒」
「自分には耐えられない」
「どいつもこいつもクソ野郎だ」

「自分の人生は終わった」

こうした思いは、（今はどんなにそう思えても）現実を映したものではなく、現状に対する主観でしかない。ところが、その違いがわかったところで、今まさに泥沼にはまっている人にはなんの意味もない。というより状況がさらに悪化しかねない。ネガティブな経験のせいで問題を乗り越える気力が湧かず、何より人生が楽しくない。

そんなときは、問題や世界の見方を変えることだ。ものすごく前向きで地に足のついた、新しいアプローチを採用することだ。

そんなわけで、この章のアサーティブな言葉は「**私にはできる！**」だ。

大変なのはあなただけではない

人類全体の不幸を一つの場所に集め、
誰もが均等に自分の取り分を受け取らなければならないとしたら、
ほとんどの人は取り分に納得するに違いない。

——ソクラテス

人間は、誰しもその人なりの問題を抱えている。完璧な人生なんてありえない。絶対に。ソクラテスが生きていた２４００年前もそうだった。もちろん今もそうだ。

自分に容赦なく正直になると、自分の抱えている問題は、ほかの人が抱えている問題と比べればてんで大したことがないと気づく。本当だ。よく考えてみてほしい。

この本を読んでいるあなたの人生が、ソマリアに生まれた子どもや、インドでアンタッチャブルとして生まれた子どもと同じくらい厳しいということはないはずだ。ソクラテスが生まれた紀元前４７０年ごろの人たちと比べれば、困難はずいぶん減ったはずだ。当時は近代医学も、電気も、車も、人々を守る優れた法律もなかった。

感情でびしょ濡れになった
ナラティブな
セルフトークではなく、
現実や本当の人生とつながろう。

地球の反対側の人たちや、はるか昔の人たちを比較対象にするまでもない。住んでいる町の反対側へ行くだけでいい。あるいはオフィスや近所の人たちを見渡せばいい。ほぼ間違いなく、自分よりもっと大変な問題を抱えた人たちが見つかるはずだ。

大変なのはあなただけではない。みんな、そうなのだ。

他人に見えるのは人生の上澄みにしかすぎない。一方、自分の人生を見るとき、私たちは裏側にばかり目を向ける。

「それが問題を解決する何の助けになるの？」と思った人もいるだろう。まあ、確かに助けにはならない。そんなことを言ったところで、車のタイヤが新品に換わるわけじゃないし、銀行口座の預金が一気に増えるわけでもない。

それでもここで、貴重な人生のほんのひとときでいいから、自分の人生の暗い面を見つめるのはやめて、まわりを見渡してほしい。感情でびしょ濡れになったナラティブなセルフトークではなく、現実や自分の本当の人生とつながろう。

そうすると、現実ベースの視点で物事をとらえられる。力強い姿勢で人生と問題の数々に向き合い、すきあらばあなたにとりつこうとしてくるネガティブさという名の亡霊を追い払える。

まわりのみんなが自分の問題（場合によってはあなたのものよりもはるかにひどい問題）に対処できているなら、あなたにだってできないはずはない。

こんなことを言いながらも、私もわかっている。本当にひどい出来事が起こったら、落ち着いてなんかいられない。見方を変えたからといって、問題は依然として残っているし、つらいし、ネガティブな感情が自分の明るさを奪っていく。

あなたはこれまで問題を乗り越えてきた

そういうひどい気分を味わったときは、一歩下がるといい。一歩と言わずもっと下がってもいい。いや、もっとずっと下がって、下がって下がって……人生の全体像をありのままの姿で見つめられる場所まで下がってみたらいい。

そしてその場所から、想像力を働かせよう。

私はクライアントに、まず人生全体を見つめるように言う。視界の端から端まで、人生という名の線路が左から右へ伸びている光景を想像するのだ。

もちろん、線路は何もない空間に伸びているわけじゃない。背景には田園もあれば町もあり、トンネルも、橋も、どこまでも広がる海も、そびえ立つ山々も、深い峡谷もある。そうしたまわりの風景の広大さと、魔法のような多様さを思い描いてみよう。

そうしたら、今度は線路の左のずーっと向こうに目を向ける。それはあなたの過去だ。あなたの来し方や、これまで旅してきた土地だ。

その方向へ、線路をずっとたどってみよう。歩いていくと、これまでの人生が見渡せる。目の前には、あなたの身に起こったすべてが広がっている。

それが見えたら、特に記憶に残る出来事をいくつかピックアップする。

思い出すのはたぶん、愛にまつわる思い出だろう。はじめての子どもを腕に抱いたときの感触。かけがえのない記憶だ。

カリブ海の島へ家族で旅行に行き、楽園で何日か過ごしたことでもいい。

はじめてのマイホームをついに手に入れた思い出はどうだろう。狙っていた仕事に就けたことは？　なんでもいいので、そうした夢のような思い出に浸ろう。

人によって差はあると思うが、振り返るべき最高の経験は何十個、あるいは何百個もある。卒業、昇進、受賞、仲間、恋人。心が安らぐ子どものころの小さな思い出や、ほっこりした気持ちになれる懐かしの味や光景、音でもいい。心を開き、すばらしい日々に立ち戻ることを自分に許してあげよう。

しかし残念ながら、このアプローチは甘美な思い出を振り返るだけでは終わらない。次はイヤな思い出を振り返らなくちゃならない。

つらかった時期や苦しかった時期、打ちのめされた出来事を思い出そう。口げんか、別れ、スピード違反の切符、公共料金の督促状。

こっそり家を抜け出そうとして、親にこってり絞られたことは？　つらい子ども時代を過ごしたなら、それをすべて確認しよう。

手術を受けて何日も病院のベッドで寝て過ごしたことは？　恋人と別れて何週間も絶望を味わったことは？　深く心が傷ついた悲しい出来事から、ちょっとイラついたり残念だったりしたことまで、すべてを目にしよう。

問題をすべて思い出し、そして乗り越えよう。過去の問題の多くは、よく見ると、あなたが今抱えている問題とすごく似ている。

あなたは過去に、今と同じような気分を味わったはずだ。もう二度と恋人なんてつくらない。これ以上の仕事なんて見つかりっこない。こんな恥ずかしい思いをしてもうこの先生きていけない。

しかし、あなたは生きている。立ち上がって、また歩み出した。そして今から振り返ると、問題の中には小さなことに思えるものもある。

高校の数学のテストでDを取ってパニックになったことが、あるいは気になっていた男の子や女の子と2回目のデートに漕ぎつけられなくて最悪の気分になったことが、今のあなたには信じられないはずだ。

もっと深刻な問題も、今ではだいぶ違って見える。つまるところ、あなたはその苦境をどうにかこうにか乗り越えてきたわけで、その経験が今のあなたを形づくっているのだ。

未来に目を向ける

さて、線路の片側を端まで行ってみたら、今度は振り返って逆方向へ進んでみよう。

右側は、もちろんあなたの未来だ。そこにはこれから起こること、この先の経験や出来事が待っている。

まだ見ぬ人との新しい関係。行ったことのない場所。ずっとやりたかったこと。すごく好きになった人とはじめてキスをして、背筋に電流が走ることもあるだろう。愛し合う伴侶と一緒に年を取り、絆や満足、心の平穏を感じることもあるだろう。

子どもを授かって、その子が成長し、優秀賞をもらい、タッチダウンを決め、クラスの劇に出るのを見るかもしれない。すぐに子どもの人生をいとおしく思うようになるはずだ。孫と一緒に映画を観に行き、ディズニーワールドに行く日も訪れるだろう。

人生の一大イベントから、親友と笑い合う夜まで、まだ内に秘めたままの能力が発揮できるときやチャンスがやって来ることなどはたくさんあるはずだ。人生は、本当にすばらしい出来事の数々をあなたのために取ってある。

もちろん楽しいことばかりじゃないが、それはもうわかっているはずだ。試練や苦難の時期はやって来る。失望、敗北、競争、恐怖。けれどそこで立ち止まらず、未来の一番端まで進もう。

そう、人生には終わりが来る。命が尽きて地上に存在できなくなり、生の体験が完結するときは訪れる。自分の最後の日を想像してみてほしい。気持ちのいいものではないが、その日は必ず来る。なら今のうちに受け入れておこう。

生きていれば、やりたくないことを、苦手な人と一緒に、どうでもいい場所でやらなくてはいけないときもある。せっかく出会った人が、あっさりあなたの人生からいなくなることもある。お金を損したり、何かが壊れたり、犬が死んだりすることもある。

しかし、あなたはそれを乗り越える。いいことも悪いことも。これまでと同じように。あなたはチャンピオンのようにそこに立つ。そうした出来事の数々は、あなたの人生のストーリーという映画の、過ぎ去っていく1シーン1シーンにすぎない。

人生の舵を握れ

真っ暗闇の中にいるときこそ、
光に目をこらさなくてはならない。

——アリストテレス

このエクササイズの目的は、客観的な視点で物事を見つめられるようになることだ。過去の体験や、まだ見ぬ経験を確認しながら、今の自分が向き合っているものをじっくり確かめてほしい。

今あなたの目の前にある問題は、たくさんの何かの中の一つにすぎない。あなたの船はまだ沈んでいないし、簡単に沈みもしない。波はあるし、ときには嵐もやって来るし、船酔いにかかることもある。それでも、人生の航海は続く。そして船長なら、大荒れの海にただ翻弄されるだけじゃいけない。舵を握り、望みの方角へ船を戻す仕事に取りかからなくちゃならない。

ここまでの旅は、なかなか思いどおりにいかなかった。しかしそれは、あさっての方向へ流されていくのをいつまでも黙って見つめているしかないという意味じゃない。人生の一面で起こった出来事に、すべてをダメにされるようなことは絶対にあっちゃいけない。仕事がうまくいかないせいで、家でみじめな気分になったり、恋人とけんかしたせいで暗い気分で仕事をしたりするヒマは、私たちにはない。

やって来る問題に一つ一つ向き合い、問題に集中しながら進んでいこう。ひとまとめに解決しようとしてわけがわからなくなるのはよくない。必要なのは思考の正確性と忍耐、そして規律だ。それぞれの問題に、頭の中の解決策を使って粛々と取り組もう。忘れないでほしい。**どんなものにでも解決策はある。ないように思えるときもあるが、それはまだ見つかっていないだけだ。**

そして見つからない理由の多くは、問題との距離が近すぎることにある。少し、あるいは大いにズームアウトして、全体像を眺めよう。これは、心理学者が「認知再構成法」と呼ぶテクニックと同じものだ。問題の見え方をシフトさせよう。

人間の心は、ごく当たり前に本人をだまし、変なふうに思考をゆがめる。本人は常に理性的だと思っていても、実際にはそうじゃない。人は認知バイアスや感情、勘違いの影響を受けている。そしてほとんどの人はそのことに気づいていない。

近すぎて、あるいは深入りしすぎていて、気づくことさえできないときもある。大切なのはいったんスピードを緩め、一歩下がり、実際の状況を把握することだ。

イヤな気分について、一つ奇妙なことがある。我々はまったくのウソを自分自身に語り、自分をだましてみじめな気持ちをつくり出すことがよくあるのだ。

――デビッド・D・バーンズ（アメリカの認知療法の専門家）

それでもまだ問題にピントが合わないなら、もう一歩下がろう。ダメならもう一歩。さらにもう一歩。

「本当の現状はどうなのか」を自分に問いかけよう。そのうちに問題が印象と切り離されて、クリーンに、そしてクリアに見えてくるはずだ。辛抱強く下がっていけば、人生の道行き全体が見えてきて、目の前の問題が道の一つのこぶにすぎないことに気づく。

あなたにはできる！

そして、ついに問題を客観的にとらえられるようになったら、こう主張するときだ。

「私にはできる！」

あなたはきっとその言葉を心から信じ、実際にうまくやり、前に進める。

あなたならやれる。問題につぶされたりはしない。人生は終わりなんかじゃない。まだたくさんのことが残っている。たくさん。

「私にはできる！」というのは、完璧な解決策があるという意味じゃない。単純に、あなたにはハンドルを握る力があり、今までと同じように今回の問題もなんとかできるという意味だ。やってやろう。問題があるからこそ、生きている実感が味わえる！

いつも明るい人生を送れるわけじゃない。いつも楽しいわけじゃない。だけどあなたは解決に乗り出した。**「私にはできる！」**と言うのは、問題にふたをし、ほんの一瞬だけ気持ちを楽にするためじゃない。

これまで歩んできた道のりを振り返ろう。実際にやれたじゃないか。だから今回もやれる。昔はできたんだから、今だってできる。

本当の自分に声をかけ、そしてこう言おう。

私にはできる。私にはできる。私にはできる。

第5章

「先がわからないからおもしろい」

先が読めない状況でこそ、
変化は起こる。

確実さを求める病

あなたは中毒にかかっている。

自分ではどうしようもないほどその「ドラッグ」に頼りきりなのに、ドラッグが人生に及ぼしている影響に気づいてもいない。あなたが痛切に追い求めているそのドラッグを「予測」という。

明日は雨が降るだろうか。株価はどうなるだろう。スーパーボウルで優勝するのはどっちのチームか。あなたはいつも先を見て、何が起こるかを実際に起こる前に突き止めようとする。

なぜか。

確実さがほしいからだ。人間は、はっきりしたものを求め、不確実な状況を避けたがる。これから起こる出来事や、行くべき場所、着るべき服を知りたがる。前もって準備をしたがる。安全をほしがる。

これはもう、願望というよりは中毒に近い。私たちは実際に会う前から相手を値踏みし、数秒で性格を予測する。

似たような商品がたくさんある中で、買い慣れた商品やブランドにこだわる。サプリメントやビタミン剤を口にし、まだなってもいない病気にかかるのを予防しようとする。何カ月も、場合によっては何年もデートを繰り返し、2人の未来を確実なものにしようとする。物事が確実に予想どおりに進むようにする。確かさをくれ！　確かさ！　確かさ！

世の中には、リスクを取る人を称賛し、不確かな状況を受け入れようと訴える標語があふれている。リスクを積極的に取る姿勢が、内に秘めた力を発揮し可能性を実現することとイコールだと誰もがわかっている。それなのに、多くの人は自分だけの小さく整った確実な世界に閉じこもっている。

それには理由がある。少し前まで、世界は人間にとってすごく危険な場所だった。未知の状況へ踏み出す一歩一歩が、死神と踊るダンスのステップだった。生はロシアンルーレットのような大博打だった。誇張抜きに、誰もが日々、恐ろしい野獣のディナーの前菜や、大自然のブラックジョークの哀れな犠牲者になる危険と向き合っていた。

ありがたいことに、今の世界の恐ろしさは、数千年前と比べれば格段にマシになっている（最高に安心とは言えないが）。生は信じられないほど安全な営みになった。医療やテクノロジーは日々進歩しているし、ニュースではさかんに伝えられる重犯罪も、先進国で普通の市民として暮らしている限りはめったに出くわさない。

もちろん、命に関わる病気や、不意の暴力や犯罪の脅威は残っているが、謎のゾンビ化ウィルスに感染したり、『オズの魔法使い』のドロシーとトトのように異世界へ飛ばされたりする可能性は、うれしいことに極めて低い。

スーパーへ行く途中で通り魔に遭うことはまずないし、昇給を願い出たからといって上司に本当に殺されることもない。

デートで入ったスターバックスで、どういうわけかズボンがずり落ちてアニメキャラのプリントされたパンツを穿いていることがばれてしまったら、まわりの笑い声がいつまでも耳に残って死にたい気分になるかもしれない。でもそのせいで実際に早すぎる死を選ぶことはありえないだろう。

言い換えるなら、人間のリスク回避の本能は、昔ほど必要ではなくなってきている。そして人類をここまで生き永らえさせてきたその生存本能こそが、現代人が生き生きとした生活を送ることを難しくしているのだ。

確実な成功などありえない

確実さに対する執着は悲劇だし、非生産的だ。理由は二つある。
まず、何か新しいことが起こる可能性があるのは先の見えない領域だ。不確実さはチャンスへ至る道筋になる。どうなるかわからない環境でこそ、人は成長し、新しい体験をし、かつてない新しい成果を生み出せる。先が読めない状況でこそ変化は起こる。

安全を求める思いと、偉大で崇高な冒険とは相いれない。
――タキトゥス（ローマの政治家、歴史家）

慣れ親しんだものにしがみつき、これまでと同じことを続けるのは、過去に生きているのと同義で、前に進んでいない。昔はリスキーだったがその後ルーティンに変わったことを繰り返しているだけだ。

考えてもみてほしい。家を一歩も出なかったら、どうやって新しい場所へ行くのか。知らない人と会わなかったら、どうやって友達を増やし、恋を始めるのか。同じことばかり続けていて、どうやって新しい何かを始めるというのか。

何もできやしない。現実世界では、知らない人はおろか、知り合いの行動を予測することだって不可能だ。

チェックアウト待ちの列だろうと、ナイトクラブだろうと、銀行だろうと、たくさんの人が関わっている状況に、いくつもの不確定要素が絡んでくることは避けられない。それどころか、自分の思考や感情の半分を予測することだってできっこない！ 慌てて何かを決めて、あとになって考え直した経験がどれくらいあるかを考えてほしい。

要望を出すというリスクを取らないで、どうやって昇給を勝ち取るというのか。安全で確実な状況にとどまって、どうやってキャリアアップを図るのか。

できやしない。確実な成功なんてものは、ありえない！ 成功にはリスクがつきものだ。最高に頭がよくて勤勉な人でも、何かが保証されているということはない。

人生で何か大きなことを成し遂げる人は、それをわかっている。彼らは不確実さを歓迎していた。

どんな決断であれ、一番いいのは正しい決断をすること。
次にいいのは間違った決断をすること。
そして最悪なのは何も決断しないことだ。

——セオドア・ルーズヴェルト（アメリカ第26代大統領）

この言葉についてよく考えてほしい。一番まずいのは、的外れなことじゃない。的を狙わないことだ。

成功者は、常に成功の見通しを持っていたように思える。自信やカリスマ、なんらかの才能を持っていて、なんでも簡単にこなしているように見える。

確かに彼らはあなたにないものを持っているかもしれないが、頂点まで上り詰めたのは最初から決まっていたことでも、簡単なことでもない。ほとんどの人が、毎日不安を抱えながら、ときには1日に何百回も「この先どうなるんだろう？」と思っていたはずだ。

そう、彼らも今のあなたと同じように、今いる場所に座り込んで、どうやったらやり遂げられるのか、危険を冒すだけの価値があるのか、何を犠牲にする必要があるのかと悩んだ時期があった。

その中で彼らもこう思った。自分はこれからどうなるのかと。「うまくいきっこない」と思った。あきらめる寸前までいくことが何度もあった。

彼らが成功したのは、成功を確信していたからじゃない。先の読めない状況にも足を止めなかったからだ。わからなくても進んだ。不安を振り払い、足を前に出し続けた。自分を奮い立たせるには必死になる以外なかったから、必死にがんばった。


大きなインパクトを残しながらも、すぐに消えていった人たちを思い浮かべてほしい。おそらく思いつくのは芸能人や実業家、スポーツ選手だろう。

私もそういう「成功した」人たちをコーチした経験が何度もある。彼らは人生が平凡なものになり、自分が退屈で、さえない人間になってしまったと感じて、私のところへやって来る。

なぜそんなことになったかというと、ぬるま湯につかっているからだ。彼らは何年ものあいだ、目標を達成するために安全圏を離れてがんばってきた。ところが見通しのきかない状況よりも確実な状況を選んだ瞬間、結果が出なくなった。壁にぶつかった。

なぜそんなことになるのだろう。それは、何か目標を達成し、お金を手に入れ、成功をつかむたび、未来が少し確実なものになったように思えるからだ。預金が増えたのを見て、安心感を抱かない人はいない。

しかしそうした心境の変化こそが、何もしたくない状況を生む。お金に対する不安、あるいは欲望や必要性がなくなったら、お金を求める気持ちは薄れていく。成功できるだろうかという不安がなくなったら、野心は薄れ、しぼんでいく。確実性という膨れ上がった幻想の中でごろごろし始める。そしてやがて「落ち着く」。人は確実な状況に落ち着く。

不確実さは人生にパワーをもたらす。その人を形づくり、ときには壊す。人を金持ちに、あるいは貧乏にする。成功のカギになることもあれば、失敗へ導くこともある。

そして多くの人が、その両方を経験する。

ありもしないものを追いかけるな！

おもしろいのは、どんなに確実さを追い求めたところで、実際に手に入れたり、手元にとどめておいたりすることは絶対にできない点だ。確実なものなんてありはしない。世の中を見ればわかるように、この世はカオスとパワーに満ちている。不確実さから逃れられる人は1人もいない。

確かなことなど何もない。夜眠りに就いて、二度と目覚めないということだってなくはない。車に乗り込んだものの、職場にたどり着けない可能性だってある。確実さなんていうのは完全なまやかし。迷信だ。

そのことに身震いする人もいるだろうけど、これは怖いことなんかじゃない。どんなにがんばって先を読もうとしても、人生の道行きを正確に予測することなんてできない。プランは必ずどこかで破綻する。

よくわからない状況から逃げて確かさを追い求めるのは、単なる幻想を手に入れる代償に人生で唯一確実なことを否定しているのと同じだ。

ソクラテスは「唯一わかるのは、自分が何も知らないということだ」と言った。賢人の多くは自分の無知を理解していた。というより、ほとんど何も知らないという自覚を知恵のよりどころにしていた。

なんでもわかっていると思った瞬間、未知のものに、ひいては成功が眠っている新しい領域に背を向けることになる。人生は予測不能で先が見えないということを受け入れたら、あとは歓迎するしかない。

そういう人は不確かさを恐れない。人生のどうしようもない一部だからだ。ありはしないとわかっているから、確かさを追い求めたりもしない。さらに、人生の本当の奇跡と可能性を自覚し、そのパワーに心を開いている。

哲学では、自分が知っていると思うことをどれだけ知っているかを調べる作業を重視する。本当だと信じる何かを、どうやって本当だと証明するか。ほとんどの場合、証明はできない。

現実には、確かな事実と思っていることの多くが事実じゃない。たいていのことは、半分は本当で半分はウソだ。想定や誤解、思い込みだ。認知バイアスや間違った情報や条件に基づいたものだ。

科学の世界を見ても、私たちが5年、10年、20年前に本当だと信じていたことが、事実ではないと証明され続けている。理解は一気に深まり、しかも科学は日進月歩。今日、真実だと思われていることも、いずれは時代遅れの古くさい考え方だとみなされるようになる。そうした理解の限界はほかの分野にも存在する。

今「わかっている」と思うことさえ真実かどうか定かじゃないのに、明日起こることがどうやってわかるのだろう。

もう気づいていると思うが、安全な場所にしがみついたところで、本当の安心感は得られない。「もっと何かできるんじゃないか?」という感覚はいつだってしつこく残る。今よりもいい人生を求める気持ちが消えることはない。

居心地のいい今にとどまろうとするほど、明日への不安は増していく。目的地なんて実際にはありはしない。あるのは探検して、探検して、探検する日々だけだ。

勝ちたいなら、
世間の厳しい目にさらされる意志を
持たなくてはならない。

一歩踏み出して白い目で見られよう

先の見えない状況をイヤがるのは、他人に白い目で見られるのが怖いからだ。私たちは仲間から役立たずとみなされ、見知らぬ荒野へ放り出されることを心底から恐れている。よくわからない状況へ跳び込んだ人は、まわりの人の目には変に映り、「妙なやつ」と思われる。限界を押し広げて新しいことに取り組もうとすれば、うまくいかないときもある。すると「失敗」の烙印を押される。

成長したいなら、まわりから愚かで間抜けだと思われることをよしとしなくてはならない。

——エピクテトス

まわりの常識に縛られたままでは、自分の内に秘めた力をフルに発揮することはできない。逆に言えば、どう見られるかが大事だという考えを捨てるだけで、人生が一夜で一変することもある。**意見に左右されようがされまいが、人生は続いていく。**

自分勝手な社会不適合者になって、他人の考えを頭ごなしに否定しろと言ってるんじゃない。ただ、もし勝ちたいなら、世間の冷たい風にさらされ、なおかつそれに動じることがないようにしなくてはならない。

本当に大きなことを成し遂げたいなら、頭がおかしいとか、バカとか、わがままといった評判を、ある程度は覚悟しないといけない。

よくわからないものを避ける人には、その覚悟ができない。批評されるのが怖くてたまらない。ばかや間抜けに見えるのが怖くてたまらない。だから立ち止まる。片方の足が、まやかしという名の釘で床に打ち付けられているのだ。

先が見えない状況を楽しもう

これはすごくビックリする言葉だと思う。中には読みながらブルっときた人もいるんじゃないだろうか。

誰だって普通は不確実なことを拒否し、避けようとする。先が見えないのを恐れる。どうあがいても理解したりコントロールしたりできないことであっても、無理に理解したりコントロールしたりしようとする。生まれ落ちたときの美しい世界に囚われていて、抜け出すことはできそうにない。

しかし、抜け出す方法がないわけじゃない。

そのためには、考え方をシフトさせてほしい。不確実な状況を楽しもう。この章のアサーティブな言葉は「**先がわからないからおもしろい**」だ。

不確実な状況に真正面から跳び込もう。それを愛でよう。堪能しよう。

覚えておいてほしい。あなたがずっと夢に見てきた成功はすべて不確実性の中にある。それを認めれば、前ほど怖くなくなる。もちろん、何が起こるかわからなくて緊張はするが、何が待っているのかという希望や胸の高鳴りも味わえる。

未知の世界にはたくさんイヤなことがあるだろう。しかし同時に、いいこともたくさん待っている。成長や進歩の機会があふれている。

今日スタートして、果敢に跳び込み、そして先の読めなさを楽しんでほしい。普段ならしないことをしよう。日々のルーティンを見直そう。大胆に夢を見て、大胆にリスクを取って、ハラハラする人生を送ろう。

はじめはシンプルなことでいい。いつもと違うルートで仕事に行く。行ったことのないレストランを試してみる。ウェイターやレジの人と会話をする。道ですれ違った人に笑顔を向け、あいさつをし、親しげにうなずく。目にとまった男の子や女の子に声をかける。

そんなことはもうやってるよ、という生まれついての社交的な人は、自分が落ち着かない気分になることを試してほしい。結果が読めなくて、やるのを避けがちなことはなんだろう？

それをやろう。今すぐ始めよう。今がベストのタイミングだ。不確実な状況に慣れ、不確実な人生を送ろう。人生の栄光とも言える不確実さとともに過ごし、自分で定めた限界や意見から解放されよう。

そして、そこで立ち止まっちゃいけない。安全圏を広げるだけじゃなくて、木っ端みじんに吹き飛ばそう。考えもしなかったやり方で行動しよう。

出発点としては、まったくもって自分らしくないことをするのがいい。不確実な状況を楽しみ、未来をつかむためのパンチを繰り出そう！

人生は冒険だ

先が見えないからおもしろいと思うようにすると、人生を変えるパワーが生まれ、人間関係もキャリアも変わってくる。

もう人生から隠れる必要はない。これからは人生を生きて、堪能し、生き生きと過ごせばいい。

確実なものを求め、すべてをはっきりさせようとするのをやめれば、ストレスの大半は消えてなくなる。わかることなんて一つもない。少し考えれば、自分の一番の不安の種が、思いどおりにならないことを拒否し未来を予測したいという願望だと気づくはずだ。

人生は冒険だ。そこには無数のチャンスが転がっている。その壮大で、恐ろしくて、同時にわくわくするような不確実さをフルに、１００パーセント楽しめるかどうかはあなた次第だ。

自分がコントロールできることに集中して、天気や株価、あなたの髪型に対するご近所の感想といったどうにもならないことで思い悩むのはやめよう。

「先がわからないからおもしろい」。このシンプルな言葉を口にすることで、あなたの生き方は一変する。人生は一瞬ごとに変わっていく。唯一確実なのは、この先どうなるかなんてわからないということだけ。**わかるのは、わからないということだけだ。**

さあ、こう言って楽しもう。

「先がわからないからおもしろい」

第6章

「自分は思考ではなくて行動だ」

あなたという人間を決めるのは、
頭の中にあるものじゃない。
何をするか、つまりは行動だ。

思考が変われば人生は変わるか？

「思考が変われば、人生が変わる」

最近、フェイスブックを見ていてこんな素敵な言葉を見つけた。ジャスティン・ビーバーの投稿だとか過激な投稿よりもたくさん「いいね！」を集めていた。

私は真っ赤なスモーキングジャケットとクリーム色のネクタイ姿で、宵の口のクレームドマントをゆっくり口にしながら、その言葉の哲学的な意味を熟慮した（というのはウソで、本当はくたびれたＡＣ／ＤＣのＴシャツとスエットパンツという姿でコーヒーを飲んでいた）。

そしてすぐに、「なんてくだらないたわごとだろう」と思った。

職場で仕事をしたくないなと思ったときを思い浮かべてほしい。「気が乗らない」だけでなく、すごくゆううつな気分になったときだ。時計を見るとまだ10時34分。昼休みだってだいぶ先だ。

「今日は何を食べようか。そういえば、あそこの新しいお店を試そうと思ってたんだった。職場の人がすごくおいしいって言ってたし。だけど値段がなあ……」

そこでハッとわれに返り、画面のカーソルをぼんやり見つめている自分に気づく。

「ああ、やる気がしない。今日は無理。エネルギーが足りない」

そして自分でも気づかないうちに、ブラウザを開いてお気に入りの時間つぶしサイトを眺め始める。

「うっそ、ホバーシューズ？　実用化されたの？」

そしてまた、すぐに現実へ逆戻りする。メールをチェックすると、クレジットカード会社からメッセージが届いている。

「やばい、使いすぎだ。いつものことだけど。これじゃホバーシューズとレストランでのランチはがまんかな」

何週間か前に登録した出会いサイトからも通知が届いている。

「メッセージはなし。恋の気配はゼロ。恋愛に向いてないのかな」

誰かが近くに歩いてくる。あなたは急いでマウスをクリックしてキーボードをたたき、通りがかっただけの同僚に向かって忙しいふりをする。

「ふう、危なかった！」

時計を再び確認。11時13分。また30分を無駄にした。

「ホントにそろそろ仕事を始めないと。だけど最後にちょっとだけ……」


こうした経験、あなたにもないだろうか。仕事以外でも、やりたくないことに向き合わなければならなくてうんざりする。別のことで時間をつぶして、なかなか本題に取りかかれない。「やること」リストが「やりたくないこと」リストに早変わりする。

私たちは、日々こういうことを繰り返しながら生きている。最高にエネルギッシュで、最高に賢い、最高の成功を収めた人も例外じゃない。

では、そういう人たちとあなたを分けるものは何なのか。それは、彼らが（意識的にか無意識にかはわからないが）一つのシンプルな事実を知っているからだ。

すなわち、**人間の考えていることとやることは必ずしも一致しない。**

人間は思考ではない

あなたはあなたの思考ではない。あなたという人間を決めるのは、頭の中にあるものじゃない。何をするか、つまりは行動だ。

偉大な思考は思慮深い精神にのみ訴えかけるが、
偉大な行動は全人類に訴えかける。

——**セオドア・ルーズヴェルト**

ほとんどの人は、精神状態に大きく左右された行動を取る。しかし、**本当に偉大な人たちは、イヤな気持ちを味わいながらも、思考に引きずられない行動を取ることができる。**

彼らも自分を疑わないわけじゃないし、何かを先延ばしにしたり、避けたりしないわけでもない。自分のすべきことがいつでもわかっているわけじゃない。

単にやるべきことに集中し、無理やりにでも行動しているだけだ。

ネガティブな思考は抱かないようにできれば最高だけど、それは現実的じゃない。ポジティブ・シンキング派はこの言葉にムッとするだろうが、考えてほしい。そもそもなんでポジティブな姿勢が必要だと思ったのか。ネガティブな人や状況の影響を受けそうになったからじゃないのか。

そう、ポジティブ・シンキングを心がける人たちだって、どれだけがんばってもネガティブな思考で頭がいっぱいになるときは必ずある。

つまり、思考はコントロールできるどころか抵抗もできない。当然だ。すでに言ったとおり、思考の大半は無意識的なものなのだから。

思考の中には重要なものもたくさんあるが、たわいもないものもたくさんある。人間の頭には、そうした思考が日々浮かんでは消える。自分には価値がないとか、まわりから浮いているとか、才能がないとかいった思い。そうした思考が通勤途中に、料金の支払い中に、買い物の道すがら、あるいはドライブ中に浮かぶのは普通のことだ。

私はクライアントに、人生の見方や人生との向き合い方を変えてもらうことを求めている。しかしこれは長期的な解決策で、相手の無意識をシフトさせるのはすごく時間がかかることだ。

ときどきネガティブな考えが浮かぶのは仕方ない。ときどきじゃない人もいるだろう。毎日という人もいるかもしれない。毎日何百回もという人もいるかもしれない。

ベッドから出たくない、仕事に行きたくない、責任を引き受けたくない日は誰にでもある。しかし、最終的にあなたはそれをやっている。どうしてもやりたくないことに取り組んでいる。それはつまり、今のあなたにも、思考と独立した行動を取る力があるということだ。

私がクライアントに言うように、気分じゃなかろうが、とにかくやるしかないんだ。

もちろん、正しい心持ちや気構えは大切だが、**心が完璧に整うのを待っていたら、いつまでたっても何も始められない。**

気分じゃなかろうが、
とにかくやるしかない。

私はこれまで、完璧な精神状態をずっと待って過ごしている人に、それこそ何千人と会ってきた。インスピレーションやモチベーションは確かに人を刺激するが、どちらも気まぐれな友人だ。必要なときにやって来るかどうかもわからない以上、あてにするのは難しい。

人は公正な行動を取ることで公正な人間になり、節度ある行動を取ることで節度ある人間になり、勇敢な行動を取ることで勇敢な人間になる。

——**アリストテレス**

人生は、思考ではなく行動で変えるものだ。もっと言うなら、考えと行動とが一致すると、奇跡のようなことが起こる。

行動をともなわない思考はただの思考だ。あなた自身やまわりの人、状況に対するネガティブな思考は放っておけばいい。大した影響はない。

行動が思考を変える

行動のメリットは二つある。

第一に、行動すれば必要なことができる。当たり前だ。そして次に、おもしろいことに行動は思考を変える一番の近道になる。

理由はいくつかある。自分のためになることをやっていれば、行動と思考が近づいていく。逆に思考が人生や健康、貯蓄といった本人の利益を損ね、思考のせいで内に秘めた力を引き出せなくなることもある。不安や恐怖、怠慢、怒りに支配される日々を送っている人は、前に進めない。

一方、やらなくてはならないタスクにすぐ取り組むようにすると、やがてそれは直感的な行動になり、次第にネガティブな思考から切り離されていく。自分の弱さを嘆いたり、ためらったりしなくなっていく。

何かに完全に集中しているとき、不安や頭の中のネガティブな会話は消えてなくなる。あなたにも経験はないだろうか。意識的に全力で没頭すると、心の声はどんどん小さくなる。ゴルファーも、テニス選手も、瞑想家も、編み物をする人も、ミュージシャンも、アーティストも、ランナーも、みんなそのことを知っている。スポーツ選手はそれを「ゾーン」と呼ぶ。そしてゾーンには誰でも入れる！

目の前の行動だけに集中していれば、意識にも要領がわかってくる。

そして入るたび、自信が深まる。そうした経験すべてが、あなたの思考を長い目で見て変えていく。

行動と思考の関係には、もう一つ大事なポイントがある。

思考が現実になるのは本当だ。しかし、**思考は行動を通じてはじめて人生になっていく。**それまではただの思考でしかない。

思考はミラーハウスの鏡に似ていて、人生やあなたの内に秘めた力をゆがんだりぼやけたりした形で見せる効果がある。

心は現実とかけ離れた形で世界をとらえやすい。その原因は、解釈や誤解、習慣、常識、文化的、家族的な価値観だ。それは人生の上に重ねた紙に描かれた絵のようなもので、そのデザインに合わせようとすればするほど、現実は息苦しいものになっていく。

実際の人生と、自分が考える人生とのあいだのギャップ。人はたいてい、そのブラックホールのようなすき間にはまってもがくことになる。

何かがいいとか悪いとか、簡単とか難しいとかいった印象は、無意識を流れる不快なノイズ、あるいは思い込みがつくり出している。

大事な場面でヘマをやらかしたとする。あなたの頭には、すぐさま「自分はなんてバカなんだ」とか「自分はいつもこうだ」といった言葉がとりとめもなく浮かぶはずだ。

そうした思考は、実は断片でしかない。それでも、自分のダメさ加減を嘆いてばかりだと、脳はそれが真実だとすっかり信じ込むようになっていく。

逆に、ネガティブな思考は全体の一部にすぎないことがわかると、自分がいかにずれた考え方をしていたかに気づいていける。

これは精神科医も使っている手法だ。つまり効果があるということだ。思考の逆をいく行動を取り、イヤだった状況に自分をさらすことで、脳はもっと意識的に世界をとらえられるようになる。印象に基づいた人生ではなく、「ありのままの」人生を生きるくせがついていく。

ネガティブな考えが浮かんでゆううつになったときは、すぐ行動しよう。思考は無視して行動しよう。自動思考や感情の命じるままに動くのではなく、自分のためになる行動を取ろう。やればやるほど慣れていき、いずれハッと気づくはずだ。「あれ、やれるじゃん。自分は成長してる！」と。

心がやる気になるのを待っていてはいけない

行動せずにいると疑念や恐怖が生まれる。
行動すれば自信と勇気が生まれる。恐怖を克服したいなら、
家でじっと考えるだけではいけない。
外へ出て忙しく過ごさなくてはならない。

――デール・カーネギー

私はこの言葉が好きだ。様子見ではなく行動を選び、自動思考を振り切って動き出すと、おもしろいことが起こる。悩んでいたことを忘れていくのだ。

これは単純に、行動しているとほかのことをする時間がなくなるからだ。忙しく動き回りながら、同時に心の中の不安や嘆きに集中するのは難しい。勢いもある。いったん動き出してしまえば、そのあと動き続けるのはそう難しくない。すごく長くて恐ろしげに見えた道のりも、スピードが出ているときはかすんで見えなくなる。

しかし、それにはまずキーを差し、エンジンをかけ、ギアを1速に入れなくちゃならない。車は自力では走れない。あなたが乗り込むのを庭でじっと待っている。

ここは勘違いしがちなところだ。人は誰しも、早くドライブをしたいと思っている。前向きな気持ちになれば誰か別の運転手が人生を動かし、自信を持てば物事がもっと簡単に進むと思い込んでいる。しかし、目的地へたどり着くにはあなた自身がハンドルを握らないといけない。

準備ができていなくても、シートベルトを締めてアクセルを踏まなければいけない。

今日から、今までと違うあなたになってほしい。ネガティブで非生産的な思考から切り離された行動を取ってほしい。今すぐ、目の前のタスクに着手しよう。自分がどう思うかなんてどうでもいいから、動くんだ！

心がやる気になるのを待っていてはいけない。自分を駆り立てる魔法のような感覚をいつまでも探していてはいけない。

ただ動こう。思考は脇に置いて進もう。

心の準備ができていないときもあるだろう。常に正しい行動を取れるわけでもないだろう。それでも動こう。やろう。

「ちょっとあとで」はナシだ。「この本を読み終わったら」もナシ。今すぐだ。

もちろん、心はいつも「動くべきじゃない理由」を探し出す。「やることはほかにもいろいろあるじゃないか」とささやきかけてくる。「このあいだは動いたせいでストレスを感じ、不安になったじゃないか」と訴えかけてくる。

そうした思考に基づいた行動は取っちゃいけない。取るべきは目の前のタスクに基づいた行動だ。

人生を変えるには行動を変えることだ。それがただ一つの方法だ。

まだ動けない？　それなら、知っている中で一番偉大な人物を思い浮かべてほしい。個人的な知り合いでも、著名人でもいい。あなたは、そうした人たちの思考を想像したことがあるだろうか。

ガンディーやリンカーンは、疑念や恐怖、不安といった思考に押しつぶされそうになることはなかっただろうか。ニコラ・テスラやスティーブ・ジョブズは？　彼らが毎朝申し分ない気分で目を覚まし、「すべてはバラ色になる」なんて歌が頭の中で鳴るような日々を過ごしていたとあなたは本当に思うだろうか。

そんなはずはない！　彼らだって、あなたと同じ最低最悪の気分を味わうこともあったが、それでも動いた。ネガティブな思考をぎゅっと縮め、脇へどけて未知の領域へ踏み出した。それは積極的な取り組みだ。

彼らはたまたま偉大なことを成し遂げたわけじゃない。行動したから偉業を成し遂げたのだ。彼らが動かなかったら、彼らが何に情熱を燃やしていたのか、私たちにはわからなかっただろう。偉業や知恵を目のあたりにすることもなかっただろう。

偉人だって悩み、苦しみ、眠れない日々を送った。不安と闘いながら這い進み、やっとのことで目的を達成した。

一方、「いい思考」を持っていたはずなのに、大きなことを成し遂げられなかった人はたくさんいる。

それは、行動よりも思考ばかりを気にしていた人たちだ。

逆に、ネガティブな思考を持っていてもすさまじい大成功を収めた人もいる。

ドラッグ中毒だった伝説のミュージシャン。気性の荒いプロスポーツ選手。不健康な体つきのモデル。いつも何かに飢えている大金持ち。

例を挙げればきりがない。ポイントは、ポジティブ・シンキングが必ず成功につながるわけではないし、ネガティブな思考が失敗への一本道というわけでもないことだ。偉人はみんな気持ちとは関係なく行動した。あなたにも同じことができるはずだ。

すべては動くかどうかだ。外へ出て、動き始め、道の途中のネガティブなものをすべて受け入れよう。気持ちは楽にならないし、簡単に付き合えるようにもならない。いつまでたっても理解はできない。そういうものだ。人生は今という瞬間にしかなく、今以上の最高の瞬間なんてどこにもない。

何をしたらいいかも、どこから始めたらいいかもわからない？　ＯＫ、ならそれを見つけるのが最初にすべき行動だ。何をすべきかを見つけ、理解しよう。インターネットを漁り、本を読み、質問を投げかけ、講座を受け、アドバイスを求めよう。自分を卑下するのをやめて人生を生き始めるのに必要なことをなんでもやろう。

立ち上がって歩み出すのだ。

行動が幸福につながるとは限らないが、
行動せずに幸福が得られることは決してない。

――ベンジャミン・ディズレーリ（19世紀英国の政治家）

思考と自分を切り離せ

「自分は思考ではなくて行動だ」

これがこの章のアサーティブな言葉だ。そして、このフレーズにはこの章のすべてが凝縮されている。さあ、言ってみよう。

「自分は思考ではなくて行動だ」

あなたはあなたの思考じゃない。思考は頭の中をランダムに流れるものの集合にすぎず、ほとんどコントロールできない。

ポジティブで前向きな思考を持つのは大事だ。けれども、ただ待っているだけでは望みのものは手に入らない。

心と体に負荷をかけ、何かを体験し、恐怖と向き合い、失敗という形でも何かを最後までやり遂げてはじめて、本当の意味で自分を変えられる。

世界で一番賢い人間だって、行動しなかったらその賢さはなんの意味も持たない。

「自分は思考ではなくて行動だ」という言葉を、この次「気が乗らない」ことがあったら思い出してほしい。仕事に行く気がしなかったり、人生の重大な決断をする気になれないときに。自分に自信がなくて最初の一歩を踏み出せないときに。

ネガティブな思考は一切忘れよう。ただ踏み出そう。続けてもう一歩。さらにもう一歩。

あなたは思考じゃない。行動だ。

第7章

「私はがむしゃらになる」

最大の成功は不快感と不確実性、
リスクから生まれる。

安全圏の中では成功できない

自分の人生で一番の成功を思い浮かべてほしい。

「ものすごい営業成績を挙げた」でも、「新しいビジネスを始めた」「マイホームを手に入れた」でもいい。「幼馴染みと結婚した」とか、「大学に通い直した」「マラソンを完走した」とかもあるだろう。自分が心から誇りに思える成果を思い浮かべよう。

では、あなたはいったいどうやってそれを達成したのだろうか。

たぶん、ソファに寝そべってヘソのゴマを取りながらではなかったはずだ。あるいは1977年の牛乳価格の急騰を頭の中で計算しながらでもなかったはずだ。

では、どうだったか。

ぴったり当てるのは難しいが、わかることが一つある。あなたはたぶん、落ち着かない状態にあった。少し別の言い方をするなら、「安全圏」の外でがんばっていたはずだ。

キャリアに汚点が付くようなリスクを取るときに感じる緊張感や疑念から、いつもより5分長くルームランナーで走っているときの脚の痛さや息の苦しさまで、**不快感と不確実**

性、リスクから最大の成功は生まれるものだ。

努力や痛み、困難をともなわない物事に、価値のあるものなど一つもない。

――セオドア・ルーズヴェルト

実際のところ、その体験が怖くて困難であるほど達成感も増していく。だからこそ、偉業やとびぬけた成功はそう簡単に生まれない。普通の人は、不快感をイヤがるからだ。

がむしゃらになる

何かを成し遂げようとすれば、流れに逆らうことになる。まわりはあの手この手であなたを目的地から遠ざけようとするだろう。

「お前にはできっこない」とか、「無駄はやめろ」「無理だ」「失敗するぞ」とか言うだろう。規格外のことに取り組むほど、常識の世界へ連れ戻そうとする力も大きくなる。

その大きな理由は、彼らなりの「あなた像」があるからだ。あなたがその型から外れた行動を取れば、あなたの世界だけでなく、彼らの世界も引っかき回されるからだ。

抵抗は、周囲だけでなく心の中にも生じる。意識的、無意識的な思考の両方が、あなたの夢にストップをかけようとする。

極端にネガティブな考えが浮かぶこともあるだろう。「無理だよ。なんでそんなことに手を出すんだ」。もう少しあいまいなものもあるだろう。「早めの出勤なんかより、少しの朝寝坊のほうがずっと気持ちいいじゃないか」「仕事よりスマホゲームのほうがずっと楽しいよ」


もちろん、そうしたハードルを乗り越えることはできるが、それについては最後の章でお話しする。

ともかく、そうやって目的に向かって進んでいても、道に迷うことは絶対にある。心地よい日常にかまけ、ふらふらと道を外れてジャングルへ迷い込み、地図も、水も、手がかりもない場所を放浪することはある。

道はこっちで正しいのだろうか。あとどれくらいで着くのだろう。体力はどのくらいもちそうだろうか。こっちかな。いや、この道かもしれない。

そして壁に行き当たると、旅路そのものに疑問が生じる。引き返す潮時かもしれない。

自分が上っているかも下っているかも、何割くらい来たのかもわからない。そんなとき、あなたを前へ進ませるものは一つしかない。

それはがむしゃらさだ。何が起ころうと動いて、動いて、動いて、動き続ける勢いだ。

「気分」は関係ない。不安や疑念に押しつぶされそうかも関係ない。

本当のがむしゃらさは、頼れるものがほかに何もなくなってはじめて感じられる。すべてをなくし、成功の見通しや希望がとっくに消え去ったとき、がむしゃらさは人を前へ進ませる燃料になる。

信じれば真実になる

人生で大きな成功を収めた人たちは、壁を乗り越えたからこそ、その地位を手に入れられたのだ。

もちろん、口で言うのは簡単だ。「ネバーギブアップ」（私は決まり文句みたいなこの言葉が大嫌いだ）とただ言うのと、生涯の目標に必死で取り組むのとではわけが違う。はっきり言うが、世界は成功を目指すあなたを止めたりはしない。あなたは世界にとってそんなに大きな存在じゃない。宇宙はあなたを後押しも、阻みもしない。あなたをストップさせる唯一のもの、それは止まれという誰かの意見を受け入れることだ。そうなってはじめて、あなたは本当に止まる。それまでは、多少みっともなくとも、あなたは進んでいる。

受け入れることなく、
その思考と戯れることができるようになれば、
心が鍛えられた証だ。

――アリストテレス

「不可能」と思われていた、人類史に残る偉業を思い浮かべてほしい。１８５０年代の人に、いずれ金属の筒に何百人という人を乗せてカリフォルニアから中国まで空を飛んでいけるようになるんだよと言ったところで、頭がおかしいと思われるのがオチだろう。それでも、ライト兄弟は不可能とは思わなかった。そうした意見を受け入れなかった。それまで、人が空を飛べる証拠は何もなかったのに。

物理学的な確証もなかったし、成功した人もいなかった。それでも2人は必ず飛ぶと決意し、そのためにがむしゃらに努力した。

2人の取り組んだ課題と、あなたが抱えている問題を比べてほしい。ほとんどの人の問題は、世界初の飛行機を発明するという大それた目標よりは簡単なはずだ。

もっとお金がほしい、恐怖と向き合う勇気がほしい、運命の人を見つけたい、ダイエットしたい、浮上のきっかけがほしい。どれもあなたと同じ普通の人の手で、これまでも達成されてきて、これからも達成される目標だ。

望みをかなえたいなら、
とにかく粘り強く前へ進み、
自らの権利を主張し、
必死でがんばることだ。

どれも達成可能な目標だ。だからといって「あなたにはその資格がある」とかいうたわごとにはだまされちゃいけない。

資格なんてない。誰にもない。そんな言葉を信じたら、ただ望みながら待つだけになって、やがては人生の完全なる犠牲者になってしまう。

望みをかなえたいなら、とにかく粘り強く前へ進み、自らの権利を主張し、必死でがんばることだ。人生には、無理やりにでもやらなくちゃならないときがある。

誰かに「お前が大金持ちになるなんて無理に決まってる」と言われ、心の声が「45キロもやせるなんて不可能だよ」とささやいたときに取れる選択肢は二つ。

一つはその見立てに屈することだ。「お前は自分が何をしてるのかわかってない」「器じゃない」「才能がない」「まずは人生を立て直せ」……。そうした言葉に従ってやめるのもいいだろう。

しかし、耳を貸さないという手もある。他人の意見を断固として拒み、自分の才能を信じる。「いや、間違ってるのはそっちだ。それを証明してみせる」と言う。

不可能は、あなたができると信じてはじめて可能になる。

不可能だと思いさえしなければ、
もっとたくさんのことが成し遂げられる。

――ヴィンス・ロンバルディ（アメリカンフットボールのコーチ）

奇妙なことに、何かを可能だとか、不可能だとか証明することは誰にもできない。何かに1000回挑戦して、すべて無残に失敗したとしても、1001回目には成功するかもしれない。

つまり、未来は誰にもわからない。人類はこの世のすべてを知っているわけじゃない。世界や海洋、宇宙、テクノロジーはもちろん、心についてもほんの少しわかっただけの段階にすぎない。

自分はなんでも知っているなんて言う人がいたら、ばかなことを言うなと返されるだろう。誰だって手探りで生きている。みんな同じように。あなたと同じように。答えがわかってる？　冗談言うなよ！

人類が火星に降り立つのは絶対に不可能だと言えないなら、日々の一般的な問題が解決できるかどうかだって誰にもわからないはずだ。

結局は、できないという見方を認めるか、認めないかだ。意見はあなたがそれを受け入れ、自分の可能性を追求するのをやめて、はじめて真実になる。

私の人生がいい例だ。高校時代の私はいたって普通の生徒だったけれど、そのあと海を渡り、何千人という人にコーチしてきた。医者や弁護士、政治家、俳優、セレブ、スポーツ選手、CEO（最高経営責任者）にアドバイスを送った。アイルランドのカトリックの司祭や、タイの仏僧にコーチしたこともある！

未知の世界には、奇跡のようなすばらしい人生が待っている。楽しいことばかりじゃないが、今とは比べものにならないほど大きなことを成し遂げられるチャンスがある。

道を自分で切り開け

必死さの効果を知るには、実際のサクセスストーリーを見てみるのがいいだろう。例に挙げるのは、みなさんご存知のアーノルド・シュワルツェネッガーだ。

シュワルツェネッガーは第二次世界大戦からほんの数年後のオーストリアで、小さな町の貧しい家庭に生まれた。

それでも、シュワルツェネッガー青年はアメリカで映画俳優になるという夢を持っていた。そんな夢を聞いて、両親はどう思っただろう。町の人たちは何をささやいただろう。

忘れないでほしいが、これは今の話じゃない。今はテレビも、インターネットも、スマートフォンも、ワイヤレス通信もあって、誰でもセレブになれる可能性がある。しかし当時は、ほとんどの人がテレビすら持っていなかった。

シュワルツェネッガーや地元の人にとって、「アメリカ」は映画の中でしかお目にかかれない、現実味のない遠くの世界だった。

だから知り合いはみんな、そんなの不可能だと言っただろう。そしてシュワルツェネッガーがその言葉を受け入れていたら、そのとおりになっていたはずだ。

世界一有名なボディビルダーになるなんて無理だという見方を受け入れていたら、実際に無理だっただろう。アメリカ移住なんてできないという意見を聞き入れていたら、移住はしていなかっただろう。映画に出るなんて、スター俳優になるなんて、知事になるなんてできないと認めていたら、その時点で目指すのをやめたはずだ。

しかし、シュワルツェネッガーは不可能だという意見に納得しなかった。がむしゃらにやった。毎日、何時間もジムでトレーニングし、身体を大きくした。ポーズの練習をした。本を読んだ。ビジネスを学んだ。映画のオーディションをいくつも受けた。

がむしゃらに。あきらめるとか、計画を変更するとかいった選択肢は頭になかった。

シュワルツェネッガーの歩みからは大事な教訓が得られる。それは、**必死さはその人に残された最後の武器になるということだ。**

シュワルツェネッガー以前に、アメリカで一流スターになったオーストリア人のボディビルダーはいなかった。もちろん、知事に当選した人間も。本人だって、人生の大半は手探りだったに違いない。地図のない土地に道路標識なんてない。ただ発見と探索があるだけだ。道は切り開くものであって、たどるものじゃない。

あなたも同じような状況にいるのなら、できるのは目の前の課題に全力で取り組むことだけだ。足を一歩前に出して、目の前の課題に食らいつくしかない。

壮大な夢を持っていたシュワルツェネッガーだって、一歩ずつ前に進んでやっと目標に到達したのだ。

ジムで上腕を鍛えるときも、彼は一つ一つの動き、ダンベルの1回の上げ下げに集中しながら、何回も何回も繰り返し、筋肉がきしみ、裂け、大きくなるのを感じた。

そして上腕が終わったら、肩に取りかかった。それから背筋。それから臀部。それから太もも。それからふくらはぎ。

各メニューに全力で集中した。一瞬一瞬、一つが終わったらその次というように。

そしてトレーニング全体が終わると、へとへとになって部屋へ帰った。それでも次の日にはまたジムへ行って、同じことを繰り返した。がむしゃらに。

最近で言えば、女性と子どもの権利のために立ち上がったマララ・ユスフザイのような人もいる。水泳で記録破りの現役生活を送ったマイケル・フェルプスや、手のない体で生まれて今は商用機のパイロットを務めているジェシカ・コックスのような人もいる。

もうわかったはずだ。

がむしゃらになるコツは、目の前の問題に集中すること。全神経を注ぐことだ。そうやって、すべてをなくしたように見える中でも前進する人間になろう。答えは常にそこにある。あとは見つけるだけだ。

前に進んでいけば、今度は次の壁にぶつかるだろう。そうしたら今度はそれに全神経を注いで乗り越える。乗り越えたら次、その次、その次と進んでいく。

そうやって進んでいれば、自分がどこに向かっているか不安に思うことはない。目的地まであと何キロ残っているかなんて気にならない。**障害を避けるより、障害を求める人間になっていく。**それこそが成長と成功のカギだからだ。あなたはただ、そうやって一歩ずつ進んでいく。

何か道をふさいでいるものがあっても、何か方法を考えて歩み続ける。

がむしゃらになるというのは、問題に向かって突進し、腕を振り回して進むことじゃない。がむしゃらさは、研ぎ澄まされた覚悟の行動だ。何回も繰り返すものだ。

レンガの壁をこぶしでたたいても手を痛めるだけ。ハンマーやノミを使ってゆっくり、ていねいに壁を一片ずつ削っていけば、やがて穴が開く。

そして、その穴をどんどん大きくしていける。どんどん大きく。そのうちに自分でも気づかないうちに、不思議の国のアリスのようにまったく新しい世界へ足を踏み入れているはずだ。

誰でもがむしゃらになれる

正しい道を歩んでいる確信がないとき、転んでばかりのとき、へこむのは全然かまわない。なんなら負けたっていい。**ダメなのは立ち止まることだけだ。**

がむしゃらさはいつだってあなたの味方だ。ほかに何もなくなったとき、最後に残るのはがむしゃらさだ。

進み続けるべきか、それとも引き返すべきか迷うくらいなら、がむしゃらに行こう。がむしゃらさには一つの方向しかない。それは前だ。選択肢も一つしかない。勢いを持って進み続けることだ。

ギブアップはナシ。断念もナシ。予定変更もナシだ。

がむしゃらさは、1日に何時間もジムで過ごすボディビルダーにもある。がむしゃらさは、自分のアイデアを鼻で笑われ、ダメ出しを食らっても売り込みを続ける起業家にもある。がむしゃらさは、ダイエットが成功するかどうか自信のないぽっちゃり体型のママにもある。がむしゃらさは、毎月の家賃を払うのもやっとな、それでも誰より遅くまでオフィスに残って仕事を覚えようとする、下っ端の新入社員にもある。がむしゃらさはあなたにもある。

ジム通いをする人はみな、すぐに結果は出ないとわかっている。ルームランナーに30分乗っただけで見た目が激変するなんてありえない。

それでも、努力が無駄というわけじゃない。前進はしている。1回のエクササイズ、1回の足の動き、1回の運動、1回の行動ごとにあなたは成長し、少しだけ目標に近づく。

そしてある日、あなたは鏡を見てこう思う。「ワオ！」

事業や健康、キャリア、恋愛でも同じことだ。何も起こってないように見えても、実際には変化が生まれている。目に見える成果はなくても前進している。

そしていつの日か、あなたは預金通帳や、新しい仕事や、子どもや、マイホームを見てこう思う。「ワオ！」

だからこそ、人は歩み続けなくちゃならない。がむしゃらに。

ジャングルをかき分けて進んでいるときに、町まであと3日か、それとも30分かなんてわかりはしない。できるのは歩くことだけだ。ジャングルを抜けるには前へ進むしかないのだ。

腰を上げ、背筋を伸ばし、私に続いてこう言おう。

「がむしゃらになる！」

第8章

「私は何も期待せず、すべてを受け入れる」

やっちゃダメだと
わかっていることをやめ、
やらなきゃダメなことを始めよう。

まず、章の冒頭の言葉「私は何も期待せず、すべてを受け入れる」だけを見て早とちりしないでほしい。このあとを読めば、本当に大切なことが書いてある。

こんなときどうする？

想像してみてほしい。

あなたはずっと前から、自分の会社を立ち上げることを考えていた。自分が社長になり、自分で自分のスケジュールを管理し、これが人生の大きな成果だと誇りに思える商品をつくりたいと夢見てきた。

そして、懸命な努力と強い意志、確かな計画性に支えられて予定どおりの人生を送り、ついに夢を現実にした。

事業のアイデアはちゃんと温めてあるし、クールなロゴづくりやブランディングを依頼する会社も決まった。あとは始めるだけだ。いよいよ楽しい日々がやって来るぞ……。

商売を始めるには店舗が必要だ。だから最初の仕事として、あなたは次の週、町中を車で回って絶好の場所を探し、不動産業者と交渉する。簡単ではなかったが、いい場所がかなりの値段で決まる。候補はもう一カ所あったが、予算が追いつかなかった。

やるべきことはほかにもある。損害保険に営業許可証、税務。まだ1ドルも稼いでいないが、複雑な法人税の処理を任せる会計士を雇わなくちゃならない。続いて次の仕事だ。お店には家具と備品がいる。だからお得な商品を探してまわる。また一つチェックリストの項目が埋まった。

当たり前だが、店で働く店員も必要だ。だから何人か雇う。チェック。

すべては順調……だったのだがドカン！　オリジナル商品の販売に必要だった各種契約が決裂して、別の契約先を見つけなくてはいけなくなってしまう。クソっ！　がっくりと気分が落ち込み、呼吸も浅くなっているが、あなたは慌てて別の卸売業者や輸入業者、製造業者を探し、見積もりを依頼する。

唯一の問題は、見積もりが予算をはるかに上回っていることだ。どうしようもない。あなたは休みなく働いて業者を探すが、一向に成果はなし。このままではすべておじゃんだ！

起業に時間とリソースをずいぶん注いできたのに、今、道は巨大な岩でふさがれている。あなたは、そうした障害を想定しておくべきだったと気づき始める。思いどおりにいかないのがビジネスだ。疑念とためらいの奔流が頭の中を流れ、現実に激しく打ちつける。

「ここまでが順調すぎたんだ。こういうこともあると予測しておくべきだった」

そうした気持ちがどんどん大きくのしかかってくる。ビジネスを始めるために、あなたは前の仕事を犠牲にした。だけど、本当にそれだけの価値があることだったのだろうか？

請求書の山に埋もれるだけの毎日じゃないか！


それからあなたは、ビジネスのことを今までよりも本気で考える。ずっと本気で。そして昼も夜も息つくヒマもないほど働く。自分の時間は減っていき、思考も、時間も、お金も、すべては事業に振り向けられる。どうして自分の店を持ちたいなんて思ったんだろう？

夢見ていたのはこんな日々じゃない。これは何かの間違いじゃないだろうか。気持ちがどんどん暗くなり、恐ろしい可能性がちらつく。努力がすべて水の泡と化し、昔の上司の元へほうほうのていで戻って、また働かせてくださいと言わなくてはならない可能性が。

うわあああああああああ!!!

まあまあ落ち着いて。感情が先走ってしまったときは、一歩下がってみるといい。

期待がパワーを失わせる

叫びたくなったのはいったいなぜか。

簡単だ。あなたを含めた人間はみな、何かを期待するから暗い気分になる。

日々の意識的な予測の話じゃない。「思ったとおり」とか「予想してたさ」とかいった自覚的な言葉のことでもない。もっと意識の海の底のほう、しっかり目を向けないと見通せない場所で起こっている現象の話だ。

あなたというブロードウェイ・ミュージカルの舞台袖で、あるいは舞台下で繰り広げられている醜くて、残念で、いやらしい、ひそかな期待。それがあるときどこからともなく現れてあなたの目をふさぎ、息を詰まらせる。

人生の一大プロジェクトに取り組むときは、誰だって知識に基づいて準備を進める。実体験や本の情報、聞いた話、想像を使って必要なものを集める。予想図を思い描く。リサーチを行い、アドバイスを求め、たくさん情報を収集する。そうしたものを組み合わせて見通しを立てる。そうした頭の中のイメージが、作業や計画立案のひな型になる。

ところが、実はそれと同時に隠れた期待も組み上がっている。それは最高のアイデアの泉にできたひび割れや裂け目で、アイデアを軌道に乗る前からダメにしかねないものだ。先ほどのビジネスの例なら、契約を失うことは「想定外」だった。そして契約を失ったこと以上に、期待どおりにいかなかったことに心が折れた。

自分が隠れた期待を抱いているかどうかは、失望や恨み、後悔、圧迫感、怒り、無力感を味わうかどうかでわかる。気持ちがなえたり、大胆さや冷静さをなくしたりすることがあるなら、それは隠れた期待を持っているという意味だ。

自分が自分ではいられない場面をよく振り返ると、現実とあなたのシナリオとのあいだにずれがあるのがわかる。結婚にうんざりしているなら、「こうなるはず」という当初の期待と現実とのあいだにギャップがあるからだ。貯蓄でも、ダイエットでも、新しい仕事でも、なんにでも言える。

無力感の大きさは、隠れた期待と現実とのギャップをそのまま表している。ギャップが大きいほど落胆の度合いも大きくなる。

前にどこかで読んだのだが、結婚にうんざりする根本的な原因は、期待外れだったという思いにあるそうだ。

だがこれはもっと大きな話だと思う。つまり、**問題は期待そのものにある。**あなたがいつもうんざりしながら日々を過ごしているのは、心の奥底にある無意識の期待が人生に暗い影を落としているからだ。期待を現実にしようという努力が実を結ばず、がっかりすることがすさまじいストレスになっている。

それだけじゃない。隠れた期待は現実の生活にも影響を及ぼす。隠れた期待は、蜃気楼や雲のように自分が持つ真のパワーを見えなくし、はっきりした行動を取る力を失わせる。その結果、状況を積極的に動かそうとするより、想定に合わせた行動を取るようになる。この「誘導」のせいで、前向きな人生を送り、目標を達成するためのパワーがなくなり、無気力で、無意味で、無駄な毎日を歩むようになる。

期待を手放せ！

このように、生きるのがつらい何よりの原因は期待にある。

思いどおりにいかないビジネスプランだけじゃなく、恋人との別れや仕事への不満、ダイエットの失敗も、その根本には期待がある。あなたはこれまで何回こう言ってきただろうか。「こんなはずじゃなかったのに」

最近、誰かに怒りを覚えたことはないだろうか。

その場面をよく振り返ると、怒りが期待の産物だとわかる。現実と、こうあるべきという思い込みの差。あなたはその人に対し、自分に賛成してくれる、本当のことを言ってくれる、約束を守ってくれるという暗黙の期待を持っている。期待、期待、期待。それが満たされないと、「なんだよ！」という気持ちになる。

「それはいいけど、いったいどうやって自分の隠れた期待を見つけ出せばいいのさ？」

簡単だ。人生のうまくいっていない部分をピックアップすればいい。紙とペンを使って

「どうなるはず」だと思っていたかを書き出そう。どんなプランを持っていたかを明らかにしよう。

予定ではどうだったか。たぶんあなたは未来を思い描き、こうなってほしいという希望を抱いたはずだ。それをできるだけ詳しく書き出そう。

それができたら、今度は別の紙に、実際にどうなったかを書く。こちらも「最悪」の一言で済ませるのではなくて、イヤになるくらい詳しく記そう。なぜそうなったか、今どんな状況か、期待どおりにいかなかったことをどう思うか。

そして、両方を見比べてみよう。痛みや苦しみ、落胆は、理想と現実のギャップが大きいほど強くなる。そこにあなたの隠れた期待がある。いつの間にか抱いていた期待を、ここで残らず洗い出してしまおう。

次は、ギャップに対するネガティブな感情が現実にどんな影響を与えたかを考える。それによって事態は好転しただろうか。問題は解決しただろうか。まさか。いいことなんて一つもなかった！　状況は悪くなる一方だった！

問題が人生をおかしくするのではない。隠れた期待がおかしくするのだ！

「期待」は百害あって一利なしだ。あなたを苦しめているのは、実は状況そのものではなく、期待のほうだ。何がいけないって、期待が問題を実際よりも大きく見せ、問題に対して効果的に、力強く取り組むパワーを奪い取ることだ。私は何も斬新なことは言ってない。期待を「手放す」という考え方はずっと昔からある。しかし私たちの（西欧の）文化では、実践している人はほとんどいない。

そこで提案だ。期待を切り捨てよう！　期待を手放すのだ。今すぐに！　不必要で非生産的な期待にしがみついて泥沼にはまるより、**人生は予測がつかないという事実を受け入れ、実際の状況と向き合うほうがずっとパワフルだ。**

世界は絶えず変化している。誕生と死、成長と破壊、栄光と転落、夏と冬。何も変わっていないように見えても、同じ日は1日としてない。

同じ川に二度、足を踏み入れられる人間はいない。

——ヘラクレイトス（ギリシャの哲学者）

人間の心は先を予測し、プランを立てるのが大好きだ。けれども本当に予測するなんて不可能だ。期待は精神状態に悪影響を与えるだけでなく、その人が本領を発揮する邪魔になる。

予測を繰り返すよりも、目の前の物事をそのまま受け入れ、一瞬一瞬を生き、問題が出てきたら解決するほうがずっと成果がある。

プランを立てるのがよくないとは言わない（そんなことはまったくない）が、プラン（とそれにともなう予測）に100パーセント沿おうとするのは、もう舟から転落してオールも舟もどこにもないのに、まだ漕ごうとしているのと似ている。こうあるべきというプラン（イメージ）はもう崩れているのに、必死で現実とのギャップを埋めようとしている。

こういうことは、生きていれば何回かある。そんなときは、ゲームのルールが（ときに劇的に）変わったことに気づき、道を転換して、現実と向き合うことが必要だ。

目を覚まそう。あなたはもう水に落ちている。だからオールを漕ごうとするのはもうやめよう。

人は無意識に支配されている

人間の心は、本人が気づいていなくても、自動的に思考を次々に生み出している。期待も、大きなものではあるが、その一つにすぎない。

脳の働きについて、残酷な真実を教えよう。

人間は「自由意志」と呼ばれるものが大好きだ。それこそが人としての在り方を決めると思っている。自由意志がなかったら人間である意味がないとさえ思っている。

私たちは、何をするか、いつやるかを自由に決められることをすごく重視している。自分の運命を自分で決め、未来を自分で切り開いている感覚を欲している。

しかし、心が自動思考のプロセスに支配されているとしたら、人間は本当に自由意志を持っていると言えるのだろうか。そうじゃないと思う人も多いのではないだろうか。結局のところ、**人間にある自由意志は、やっちゃダメだと思うことは全部やめて、やらなきゃいけないと思うことを全部やるようにするくらいしかない。**

自由意志っていうのは、それだけの簡単なことなのだ。

自分自身の主になれないうちは、自由は得られない。

――エピクテトス

何度も言ったように、自分では意識的な決断を下しているように思えても、その選択の裏には無意識の思考プロセスがある。それに気づくのは難しい。

人間は自分で思うよりずっと非合理的で非論理的な生き物だ。多くの場合、裏では無意識という名の人形遣いが糸を引いている。

それでも、選択の自由は取り戻せる。それには心の仕組みを理解し、その作用をありのままに見つめ、その情報を意識的な選択に活用することだ。今、無意識の世界で何が行われているかを意識することだ。

そして期待もまた、そうした無意識の活動の一つなのだ。

すべてを受け入れるとはどういうことか？

「何も期待せず、すべてを受け入れる」。これがこの本の最後のアサーティブな言葉だ。はっきりさせておきたいのだが、これは人生に対する弱腰なあきらめの姿勢を意味する言葉じゃない。誰にも、何にも支配されない成功の達人の言葉だ。

何も期待しないとき、あなたは今という瞬間を生きられる。未来への不安も、過去の拒絶もなく、シンプルに訪れた状況を歓迎できる。

そしてすべてを受け入れるとは、仕方なく妥協するという意味じゃない。**引き受けて責任を取るという意味だ。**覚えておいてほしい。自分が権利と責任を持っているものは、いつでも変えられる。問題を解決する唯一最大の効果的な方法になることもある。だから引き受けよう。

望みどおりの事象を起こそうとするのではなく、あるがままに起こることを願えば、すべてはうまくいく。

――エピクテトス

期待したせいでがっかりしている自分に気づいたら、考え方を変えよう。思いどおりにならないことにイライラするのではなく、そのまま受け入れるのだ。その瞬間、あなたはその何かに自由に取り組めるようになる。

「それでいい」の精神だ。新しい仕事になじめなくても、一歩下がればそれでいいことに気づく。仕事そのものも、同僚との付き合いも、時間が解決するものだから、ちょっとしたミスや、新しい同僚との距離感がつかめないのも、全然それでいい。そう思えば、期待はすぐに消えてなくなる。

恋愛でうまくいっていないなら見方を変えよう。自分が関係に期待しているものを特定しよう。

多くの人は、恋人に一貫した行動や完璧な気遣い、共感を期待する。けれどパートナーだってあなたと同じ人間だから、完璧には程遠く、自分なりの複雑な感情や思考を持っている。だから、ひどい1日を送った恋人がぶっきらぼうだったり、かんしゃくを炸裂させたりしてもそれでいい。

人は他人に、自分がしたのと同じ扱いを期待する。丁重に扱ったら、そのお返しを期待する。暗黙の「借金」のようなものだ。パートナーの足をもんであげたら、直接的か間接的かは別にして、見返りを期待する。そうした期待は、愛情の絡んだ親密な関係では、重くてややこしいものになりがちだ。

しかし信じられないかもしれないが、**他人に対する期待を手放し、起こったことをそのまま受け入れる姿勢を学んだ瞬間、人間関係は劇的に改善する。**

もう一度言うが、暴力を振るう相手とのひどい関係をがまんしろと言ってるんじゃない。だが、自分1人の人生だって予測できないのに、2人の関係を予測するなんてできっこない。もしそうした関係に悩んでいるなら、舟の話を思い出してほしい。

ゲームのルールはもう変わったんだから、漕ごうとするのはやめてプランを変えよう。パートナーや友人、家族にはそれぞれの望みやものの見方、感情がある。あなたがこうだと思っても、向こうはおそらく別のとらえ方をしている。あなたにとってがまんならないことが、相手にはまったくどうでもいいことの場合もある。あなたがなぜ怒っているのか、向こうにはさっぱり理解できないはずだ。

ひそかに期待を抱き、そのとおりにならなくてショックを受けるのはやめて、期待するのをやめよう。ほしいものがあるなら、期待するのではなくて手に入れにいこう。相手のためになることをするときは、見返りを期待しすぎるのではなくて、助けたいと本気で思ったからだと考えるようにしよう。

ギブ・アンド・テイクのゲームは、長い目で見れば2人を傷つける結果にしかならない。

関係を脅かすような深刻な問題が一向に解決しないなら、そのことについて相手としっかり向き合おう。相手に気持ちをわかってもらおうとか、こちらの気持ちを変えてもらおうとか思っちゃいけない。そんなことはできない。自分の気持ちを変えられるのは自分だけだ。

人はいつだってウソをつき、盗み、誰かをだます。しかしあなたは、あの人が悪いことなんてするはずないという、現実離れした隠れた期待を抱いている。だからイヤなことをされるとものすごく腹が立つ。こうした生き方をしていると、ただだまされたとか、ウソをつかれたという以上の悪いことがあなたの身に起こる。

それは、恨みや後悔、怒り、不満が消えなくなることだ。それは誰かのせいというよりは、あなたの中の勝手な期待に原因がある。物事をありのままに受け入れるのは、妥協してあきらめるためじゃない。自分の心をコントロールするためだ。心を落ち着け、状況に力強く対処できるようにするためだ。

何も期待せず、すべてを受け入れる

プランは立てるなとか、目標もなく無為に過ごせと言いたいんじゃない。けれどもプランを立てれば期待が必ず生まれるし、期待を抱いて得られるものは何もない。逆に期待から解き放たれれば、人生とダンスを踊り、その中でシンプルにプランを実行しながら起こったことに対処していける。

それがうまくいったなら喜べばいいし、失敗したらやり直せばいい。

勝利や敗北を期待しちゃいけない。勝利のための計画を立て、敗北から学ぼう。愛されたり、尊敬されたりすることを期待するのは無駄だからやめよう。自然に愛し、自然に愛されよう。期待の重荷やメロドラマから自由になり、あるがままを受け入れよう。

自分が期待する人生じゃなく、今の人生を愛そう。

感情に左右されるだけの
泥沼の人生から抜け出し、
最高の自分の最高の力を引き出そう。
そうした人生を
毎日送れるような環境をつくろう。

「何も期待せず、すべてを受け入れる」。このシンプルな言葉一つで、頭の中を抜け出して人生へパワフルに跳び込んでいける。思考を抜け出して現実を生きられる。問題も、困難も、けんかも、落胆も、どれも人生の一部だ。

そうしたものに足を取られちゃいけない。感情に左右されるだけの泥沼の人生から抜け出し、最高の自分の最高の力を引き出そう。そうした人生を毎日送れるような環境をつくろう。

あなたの人生、成功、幸せはすべてあなたの手の中にある。変えていく力、手放す力、冒険心と内に秘めた力はどれも手の届くところにある。

ほかの誰かにあなたを助けることはできないし、あなたを動かすこともできない。すべてはあなた次第だ。そしてそれがわかったら、変わるのに最適なタイミングは今しかない。

第9章

次はどこへ？

シンプルな話だ。
自分の内面を成長させたいなら、
外の世界で行動すればいい。
頭の中を跳び出して、
人生に跳び込もう。

この本では、ここまで7つのアサーティブな言葉を紹介してきた。


「私には意志がある」

「私は勝つに決まっている」

「私にはできる！」

「先がわからないからおもしろい」

「自分は思考ではなくて行動だ」

「私はがむしゃらになる」

「私は何も期待せず、すべてを受け入れる」


どれも、一つのテーマに沿って選んだものだ。すぐにはわかりづらいかもしれないが、すべてつながっている。

今とは違う人生を送りたいなら、変化を起こさなくちゃならない。そして、どれだけ思索にふけり、瞑想し、計画を立て、抗不安薬を飲んだところで、外へ出て行動を始め、変化を起こす意志がなければ何も始まらない。

ただ座ってその気になるのを待ち、望みどおりの展開が起こればいいなと思っているだけではしょうがない。ポジティブ・シンキングだけでは事態は好転しない。人生を変えたいなら、外へ出て動くことが必要だ。

心の状態で皮肉なのは、精神が発達するほど体の動きが鈍くなっていく点だ。情報は余るほど持っていても、人生の軌道を変えることはほとんどできない。

私たちはよくこう考える。

「不安と不快感がなくなったら、すぐにでもまた恋人探しを始めるんだけど」

あるいは、

「先延ばしにしている原因や、モチベーションの源が見つかったら、そのときは本気を出して幸せになってやるさ」

ところがそうした姿勢こそが、延ばす・延ばさないのループにはまって前へ進めなくなる原因になる。

人は誰しも、心の準備が完璧に整う瞬間や体験を待って暮らしている。頭がクリアになり、ポジティブな感覚を抱き、不安や心配がすっかり消えてなくなる瞬間だ。

そうした感覚が「オフ」のうちは、人生もオフのままでいる。多くの人が、その感覚がオンになるのを待っている。

しかし、人生はそういうものじゃない。完璧な気分なんてありはしない。それに気持ちが整って魔法のように人生を好転させてくれるのを待ったところで、人生は一向に好転しない！

私が紹介したアサーティブな言葉は、それだけで生きやすくしてくれるものじゃない。というより、一時的にもっと生きづらくなる可能性が高い！　しかも言葉をただ覚えるだけでは足りない。言葉に従って行動しないといけない。

シンプルな話だ。**自分の内面を成長させたいなら、外の世界で行動すればいい。**頭の中を跳び出して、人生に跳び込もう。

死ぬ前に何を後悔するだろう？

死を人生に取り込み、認め、正面から向き合えば、
死の不安や生のはかなさから解放される。
そのときはじめて、私は自由に自分自身になれる。

――マルティン・ハイデガー

あなたはいずれ死ぬ。息が止まり、静止し、存在するのをやめる。物理世界から退場する。明日か、20年後かはわからないが、そのときは必ず訪れる。

人の命には限りがある。誰も寿命からは逃れられない。自分が死ぬという考えを不快に感じ、抵抗する人もいるだろうが、これはあらがうことのできない真実だ。あなたはいずれ死ぬ。

死の床に横たわっている自分を想像してほしい。横のモニターからピッピッという音が聞こえる。もはや手の施しようはなく、残された時間はあと数時間しかない。脈が弱まり、エネルギーが消えていくのを自分でも感じる。

横たわりながら、あなたは人生を振り返る。望んでいた変化を起こせなかった人生。同

じ仕事、同じ関係、同じ体重オーバー気味の体を維持し、そして今、この世を去る日を迎えている。

本は読んだが、書いてあるとおりにしなかった。ダイエットの計画を立てたが、実行しなかった。やるぞと自分に言い聞かせ、何回も心を奮い立たせたが、行動しなかった。人生を変えるための奇抜なアプローチを何十個も試したが、長続きしなかった。

愛する人が入れ代わり立ち代わりベッド脇へやって来る中、横たわるあなたはいったい何を感じるだろうか。

後悔？　自責？　悲哀？　この本を読んだ瞬間に戻って別の道を歩めるなら、なんだってするのに。もしあのとき……。

クソっ、起き上がりたい！　後悔があなたの体を、心を、頭を駆け巡る。それは自分がばらばらになる感覚で、とても耐えられない。死を恐れていようと、受け入れていようと、死だけがその地獄の責め苦から逃れられる方法のように感じる。

はっきり言おう。死の床のあなたが後悔しているのは、何も成し遂げられなかったとか、目的のものが手に入らなかったとかいったことじゃない。**挑戦しなかったことだ。**がんばらなかったことだ。つらくなったときにあきらめてしまったことだ。

登山家だって、誰もが登頂に成功するわけじゃない。ときには引き返し、装備を整え直し、何度も挑戦する。けれど彼らは、下界にとどまることをよしとしない。だらだら過ごしたり、登らない言い訳をしたりもしない。ただテントを荷物に詰めて前へ進む。そしてこの世を去るときは、自分が全力を尽くしたことを感じながら息絶える。すべてを出し切ったことを。山を愛していたことを。

あなたも、大金持ちになれなかったことを後悔はしないだろう。しかし事業を始めず、今のどうしようもない仕事を辞めなかったことは後悔するはずだ。スーパーモデルと結婚できなかったことは後悔しなくても、行き詰まりを自覚しながら関係を終わらせなかったことには後悔するはずだ。ボディビルダー並みの体格を手に入れられなくても後悔しないが、帰り道に毎晩ドライブスルーへ寄って何か食べてしまい、自分に言い訳する生活をやめられなかったことは後悔するはずだ。

こうしたことがあなたの身に起こる。あなたはいずれ死ぬ。そして意識が薄れていく静かな孤独の中で、そうした人生を振り返ることになる。

行動を起こして何かを変え、望みの生活を築き、誇りに思える人生を送らなければ、そういう運命をたどることになる。

ごまかすのはやめよう

人は自分をごまかしながら生きている。「できない」理由を心で口にしながら暮らしている。

できない、できない、できない。だけど本当はできる。できないと思うのは言い訳だ。新しいことをすると自分に約束しながら、いろいろと理由をつけて先延ばしにし、自分へのウソを繰り返しているだけだ。

そのままだと、いずれは自分の魂も売り飛ばすことになる。

そんなあなたと、望みの人生を送っている人との唯一の違いは、やったかどうかだ。彼らは自分で人生を決め、生きている。

彼らのほうがあなたより賢いとか、意識が高いとか、強いとか、そんなことはまったくない。彼らもあなたも、持っているものは変わらない。

違いは、成功する人は待たない点だ。彼らは「ふさわしい」瞬間が来るのを待たない。インスピレーションに打たれたり、啓示が訪れたりして、自分を駆り立ててくれるのを待ったりはしない。「準備」ができていなくても立ち上がり、動き、挑戦し、そして失敗する。飛行機を作りながら飛ばす。墜落したら、残骸を集めてまたやり直す。

心の準備なんて何の意味もない。危険を避ける言い訳の一つにすぎない。問題は、そうした危険な領域こそが人生だということだ。危険を冒さずに生きていても、それはただ存在しているだけでしかない。

過去のせいにするのはやめよう

自分が今こうなのは過去のせいだ、過去が自分を縛っているんだと思う人は、考え直すことをお勧めする。過去を大げさにとらえるのはやめよう。

人には誰しも過去があって、その中にはとんでもなくひどい経験もある。だが、それが何だっていうのだろう。何も考えずに過去の被害者ぶる前に、未来よりも過去にばかり目を向けている理由を考えよう。

何度も言っているように、あなたを自由にできるのはあなた以外ない。私は単なる近所の口うるさいおじさんじゃない。過去に足を取られる人たちをたくさんコーチしてきた人間だ。そして、クライアントたちは今、自由で幸せな人生を送っている。それならあなたにもできるはずだ。

人は過去や子ども時代にとらわれている。それが「できない」と思う理由になる。現状に対する責任を逃れるには、過去を持ち出すのが楽だからだ。

しかし、前に進んで偉大な人間になりたいと本気で思うなら、あなたを止められるものは何もない。昨日だとか、5年前だとか、小学校2年生のときだとかの出来事なんて関係ない。

内面を改善するには外の世界で動けばいい。それと同じように、過去を忘れたいなら未来を形づくればいい。**何か大きな、これまでにない大きなものを築こうとすればいい。**

今が輝いていて、状況に満足しているときは、過去を振り返っている時間なんてない。

あなたの目と心は、まっすぐ前を見据えている。

未来に目を向ける行為は、あなたを過去から引きずり出す。大きくてまばゆくてセクシーな未来、あなたの能力と可能性に満ちた未来は、重大で深刻な過去からあなたを自由にする。

過去の自分のすべてを好きになれなくても、その過去が今のあなたをよくも悪くも形づくっている。だから今のあなたにも長所はあるし、それがあれば目標は達成できる。望みの人生は送れる。本気で望み、必要な行動を取りさえすれば、あなたを阻めるものは何もない。

自由になるための2ステップ

本気で人生を変え、望んでいた自由をつかむ気があるなら、これから言う二つのことをやろう。

①今やっていることをやめる

シンプルだ。問題の原因や、今の状況を招いた習慣を確認しよう。ソファでネットTVを観ながらずっとごろごろしてしまうせいで何もできないなら、あるいは近所のドーナツ屋へ行くのをやめられないなら、やめればいい。本気で。今すぐ。やめればいい。

できない理由をつらつら並べるのはナシ。「だけど番組がおもしろくて。それに仕事は退屈なんだ」も「ちょっとくらい楽しんだっていいじゃないか」もナシだ。

テレビを観るのをいつまでもやめられず、人生を立て直す行動に移れないなら、それはあなたが変化を望んでいないということだ。だが、はっきり言ってそれは下の下、最低ラインだ。

じゃあどうするのか。ネットフリックスを選ぶか、それとも給料のいい仕事を選ぶか。ドーナツか、それとも誇らしい体つきか。テレビゲームか、それとも愛のある生活か。

好き放題に食べ続ける日々に嫌気が差しているなら、やめればいいだけの話だ。

「できない」と思っても、それはただの言い訳。できる。あなたにはできる。ごまかすのはやめよう。精神状態の操り人形になるのは終わりにしよう。ハンドルを自分の手に取り戻すのだ。

感情に屈し続ける限り、あとには後悔が残る。後悔の中で生き、そして死の床で「あのときああしていたら」と思う羽目になる。

感情や気持ちが大切じゃないとは言わないが、ロボットにはなっちゃいけない。私が言いたいのは、自分がやっていることをもっと深刻にとらえ、人生に大きな変化を起こすのに必要な行動を取ろうということだ。

自分へのありがちな言い訳に「人生を変えたいけど、でも……」がある。そう言いながらも、あなたはテレビをずっと観て、ジャンクフードを頬張り、私のことをフェイスブックで酷評する。それなら正直に認めよう。

あなたは変化を望んでない！　望むなら動くはず！　抜け出そうとしているはずだ。

自分の人生をじっくり、しっかり見つめよう。自分に正直になって、自分を縛っている行動を特定しよう。時間は、やらない言い訳を探すためじゃなくて、やる理由を探すためにある。あなたとほかの人に違いなんてない。あなただけが特別な例外だなんてこともない。

必要なのは今すぐ選ぶことだ。今やっていることをやめない限り、人生は変えられない。

絶対に。

②前へ進むのに必要な行動を取る

こちらもいたって単純な話だ。人生を変えたいなら、何かをやめるだけじゃ足りない。がんばって前向きな習慣を身につけることで、人は正しい方向へ進める。

仕事を変えたいなら、一歩踏み出して求人に応募する。外へ出て人脈を築く。募集広告に目を通し、友人と話し、参考になるものを手に入れる。

そうしたことを本当にやる。やると言うだけで実際には何もしないのはダメだ。自分を甘やかして「明日やればいいや」と言うのもダメだ。

あなたはまさに今していることだ。
これからするつもりだと言っていることではない。

――カール・ユング（スイスの精神科医、心理学者）

目標への道のりを考えよう。達成したいことは何で、そのために何をする必要があるか。次のステップを書き出し、自分の行動に責任を持って一歩ずつ進んでいこう。

このように、やめることと始めることという二つのステップは自然につながっている。依存症めいた習慣をいきなり直すのは難しい。特に中毒性のある習慣は、食べものやセックス、ドラッグ、テレビゲームのように、脳内物質とも関わっている。

悪い習慣を断ち切っても、かわりに何か別の習慣を身につけなければリバウンドが起こる。何か自分のためになる習慣、心から望んでいた新しい生活の象徴になる習慣を身につけよう。**古いものを新しいものへ置き換えることで、新しい人生をつくり出していこう。**

悪い習慣を特定し、いい習慣のためのスペースを空けよう。でないと新しい習慣が新しい人生を導く確証が得られない。

必要なのは、新しい人生のすばらしさを脳に対して一つ一つアピールすることだ。断固たる意志を持って、妥協せず進もう。そうしないと、またおもりをつけられたように足取りが重くなり、やがては止まってしまう。

テレビや、自己啓発の本の単なる読み漁り、食べすぎ、ソファでごろ寝、先延ばしはもうやめにしよう。そうしたものをダンスのレッスンや読書クラブ、必要最小限の食事、自転車などに置き換えよう。

サポートが必要なら、予算の範囲内で優れたコーチを見つけたらいい。お金がないなら、12カ月で自分の幅を広げてパワーをつける、私のｉ365プログラムに申し込んでくれてもいい。詳しいことは私のウェブサイトに書いてあるが、1日1杯のコーヒーよりも安い値段で参加できる。言い訳せずにやってみてほしい！

頭の中から跳び出せ

熟考する時間を持て。
しかし行動すべきときが来たら、考えるのをやめて動け。
——ナポレオン・ボナパルト

思索にふけり、心を成長させる時間を持つのは悪いことじゃない。それでも、最後は自ら立ち上がり、やるべきことをしなくちゃならない。７つのアサーティブな言葉がここで生きてくる。意志を持って動こう。そして、行動につきものの先の読めない状況を楽しもう。

「がむしゃらになる」といっても、がむしゃらに考えたりテレビを観たりしてはダメだ。がむしゃらに動こう。がむしゃらに行動を起こし、目標へ突き進み、行動して失敗し、そして最後には成功しよう。

私がここまで言ってきたことも、あなたが動かなければ変化につながらない。違いはあなたが生み出さなくちゃならない。変化を生み出そう。

今日という日を
生きるだけじゃなくて、
今という
瞬間、時間、週、月を生きよう。

自分のすごさを主張するのはあなたの仕事だ。私にはできない。あなたの母親にも、伴侶にも、ご近所にもできない。

人生は急にはよくならないし、不安がいきなり消えることもないし、考え方を変えたからといって急に積極的で自信あふれる性格に変わるわけじゃない。あなたの内に秘めた力を引き出せるのはあなただけだ。

ただこの本を読むだけじゃなくて、今言ったことをよく考え、そして同じことの繰り返しだった自分の人生を考えよう。そして、動こう。

「ちょっとあとで」――ダメ。今やろう。

「頭が悪いから、ちょっとよくわから――」ストップ。ごまかすのはやめよう。

思考にコントロールされる日々はもう終わりだ。思考が生み出す言い訳や不安に足を取られるのはもう終わりだ。

あなたは思考じゃない。行動だ。

そして行動だけが、あなたを今いる場所から引っ張り出し、望みの場所へ連れていく力を持っている。

今日という日を生きるだけじゃなくて、今という瞬間、時間、週、月を生きよう。
自分の人生を生き、自分自身として生きる権利を主張しよう。
どんな人生を送れるかは、そこにかかっているのだから。

あなたはあなたが使っている言葉でできている

発行日　2018年　10月20日　第1刷
　　　　2025年　5 月16日　第12刷

Author　ゲイリー・ジョン・ビショップ
Translator　高崎拓哉（翻訳協力：株式会社トランネット）
Book Designer　コバヤシタケシ
Publication　株式会社ディスカヴァー・トゥエンティワン
〒102-0093　東京都千代田区平河町2-16-1 平河町森タワー11F
TEL　03-3237-8321（代表）　03-3237-8345（営業）
FAX　03-3237-8323
https://d21.co.jp/
Publisher　谷口奈緒美
Editor　藤田浩芳
Store Sales Company
佐藤昌幸　古矢薫　蛯原昇　石橋陸　生貫朱音　佐藤淳基　津野主揮　鈴木雄大
山田諭志　藤井多穂子　松ノ下直輝　小山怜那　町田加奈子
Online Store Company
飯田智樹　庄司知世　杉田彰子　森谷真一　青木翔平　阿知波淳平　大﨑双葉
北野風生　舘瑞恵　徳間凜太郎　廣内悠理　三輪真也　八木眸　安室舜介
高原未来子　江頭慶　小穴史織　川西未恵　金野美穂　千葉潤子　松浦麻恵
Publishing Company
大山聡子　大竹朝子　藤田浩芳　三谷祐一　中島俊平　伊東佑真　榎本明日香
大田原恵美　小石亜季　西川なつか　野﨑竜海　野中保奈美　野村美空
橋本莉奈　林秀樹　原典宏　村尾純司　元木優子　安永姫菜　古川菜津子
浅野目七重　厚見アレックス太郎　神日登美　小林亜由美　陳玟萱　波塚みなみ
林佳菜
Digital Solution Company
小野航平　馮東平　林秀規
Headquarters
川島理　小関勝則　田中亜紀　山中麻吏　井上竜之介　奥田千晶　小田木もも
福永友紀　俵敬子　三上和雄　石橋佐知子　伊藤香　伊藤由美　鈴木洋子
照島さくら　福田章平　藤井かおり　丸山香織
Proofreader　文字工房燦光
DTP　株式会社エストール
Printing　中央精版印刷株式会社

ISBN978-4-7993-2369-4　©Discover 21, Inc., 2018, Printed in Japan.